スローライフのイタリア語
Slow life in italiano

奥村 千穂
Chiho Okumura

SANSHUSHA

# Un giorno in Italia
イタリアの1日

イタリア人は、「楽天家」という印象を持たれることが多いようです。もちろん、暗い性格の人もいるし、文句ばかり言っている人もたくさんいるので、イタリア人全員を「楽天家」とくくることはできません。ですが長くイタリアに住んでいると、楽天的にならざるを得ない、あるいは自然と楽天的になってしまう自分に気づきます。

この国では、日本では考えられないようなハプニングが、日常的にたくさん起こります。ストライキでバスや電車がストップしたり、郵便局のシステムが3日間もダウンして大事な手紙が送れなかったり、ガソリンスタンドがストライキで閉まって車のガソリンが足りなくなってしまったり…。

それに加えて、田舎暮らしの我が家では、朝、出かけるときに車のタイヤがパンクしていることはしょっちゅうだし、山道に大きな木が倒れていて下の村へ降りられなかったこともあります。道の真ん中を牛が歩いていて約束に遅れてしまったこともありました。こんなにハプニング続きだと、予定したことをすべてその日のうちにこなすのは、なかなか困難です。

物事が予定通りに運ばないのがイタリア。でも不思議なことに、最後には何とかなってしまうのもイタリアです。

誰かが助けてくれるのが、イタリアの良いところ。家族や友人はもちろん他人でも、困っている人を見ると知らないふりができないのがイタリア人です。お互い協力し合って、最後には何とかなって、無事に終わる。そして皆、満足げに家路につくというのがイタリアの1日なのです。

イタリアで楽しく過ごす秘訣は、1日のスケジュールをきっちりと決めてしまわないことかもしれません。

お天気の朝は洗濯を後回しにして、すがすがしい空気の中を散歩したり、夕焼けがきれいだったら、少々晩御飯の時間が遅くなっても、きれいな夕暮れをゆっくりと楽しんだり…。時間や予定に縛られるのではなく、たまには時計を見るのも忘れて、その時の自然の美しさや優しく流れる時間に身をゆだねてみると、イタリア人のように、人生を楽しむことを上手になれるかも…。

この本では、こうしたイタリアでの日常生活を紹介しながら、ゆっくりとイタリア語を学ぶことを提案しています。

ベースとなっているのは、私（Chiho / Mamma）、夫アントネッロ（Antonello / Babbo）、娘ユキ（Yuki）の普段の暮らしです（Babbo はトスカーナ地方の言葉で「お父さん」の意味です）。洗濯物を干しながら、散歩の途中で、新聞を読みながら…。ふとした日常のシーン中の夫婦や家族の会話を通して、イタリア語が学習できるようになっています（発音や文法についてのさらに詳しい説明は pp.122 〜 127 にまとめています）。

この本を通して、イタリア、そしてイタリア語に興味を持ち、習ってみようかな？と思っていただけたら光栄です。また、すでにイタリア語を勉強されている方には、学習方法の1つのアイデアとしてお役に立てれば、とてもうれしく思います。

※本書では、発音をカタカナで表記していますが、gli の発音はひらがなで「り」と表記しています（p.122 参照）。
※本書では、「単語」ページの名詞は冠詞をつけて表記しています（p.124 参照）。

Slow life in italiano

# Indice

**朝** *6*

1. Apro la finestra. 窓を開けます。
   Il dialogo 会話 *8* / La grammatica 文法 *10* / I vocaboli 単語 *12*
   La rubrica コラム
   La giornata comincia con un "Buongiorno!" 1日の始まりは「ブオンジョルノ！」 *14*

2. Preparo la colazione. 朝食を準備します。
   Il dialogo 会話 *16* / La grammatica 文法 *18* / I vocaboli 単語 *20*
   La rubrica コラム
   Il latte e gli allevamenti biologici 牛乳と有機酪農について *22*

3. Sfoglio il giornale di oggi. 今日の新聞を開きます。
   Il dialogo 会話 *24* / La grammatica 文法 *26* / I vocaboli 単語 *28*
   La rubrica コラム
   I giornali italiani イタリアの新聞 *30*

4. Abbiamo le galline. 私たちは鶏を飼っています。
   Il dialogo 会話 *32* / La grammatica 文法 *34* / I vocaboli 単語 *36*
   La rubrica コラム
   Allevare le galline per le uova fresche 新鮮な卵のために鶏を飼うこと *38*

5. Faccio il bucato. 洗濯をします。
   Il dialogo 会話 *40* / I vocaboli 単語 *42*
   La rubrica コラム
   Le brave mamme italiane e il bucato 家事上手なイタリアマンマと洗濯 *46*

6. Lavoro nel campo. 畑仕事をします。
   Il dialogo 会話 *48* / La grammatica 文法 *50* / I vocaboli 単語 *52*
   La rubrica コラム
   Anche le erbacce possono diventare un buon concime 雑草だって良い肥料になる *54*

**昼** *56*

7. Preparo il pranzo. ランチの準備をします。
   Il dialogo 会話 *58* / La grammatica 文法 *60* / I vocaboli 単語 *62*
   La rubrica コラム
   Butta la pasta! ブッタ・ラ・パスタ！ *64*

8. Tutti a tavola! みんな、食卓に！
   Il dialogo 会話 *66* / La grammatica 文法 *68* / I vocaboli 単語 *69*
   La rubrica コラム
   Il riciclaggio dei rifiuti in Italia イタリアのゴミリサイクル事情 *70*

Slow life in italiano

9. **Andiamo a fare una passeggiata!** 散歩に出かけよう！
   Il dialogo 会話 *72* / I vocaboli 単語 *74*
   La rubrica コラム
   Il bosco è una miniera d'oro 森は宝箱 *78*

10. **È l'ora della merenda.** おやつの時間です。
    Il dialogo 会話 *80* / La grammatica 文法 *82* / I vocaboli 単語 *83*
    La rubrica コラム
    La merenda a casa おうちでおやつ *84*

## 夜 *86*

11. **Riuniamoci davanti al camino.** 暖炉の前に集まりましょう。
    Il dialogo 会話 *88* / La grammatica 文法 *90* / I vocaboli 単語 *92*
    La rubrica コラム
    Riscaldare a legna la casa 薪で家を暖めること *94*

12. **Ammiro il tramonto.** 夕焼けを楽しみます。
    Il dialogo 会話 *96* / La grammatica 文法 *98* / I vocaboli 単語 *100*
    La rubrica コラム
    Alla fine della giornata １日の終わりに *102*

13. **Ceniamo in famiglia.** 家族で晩御飯を食べましょう。
    Il dialogo 会話 *104* / La ricetta レシピ *106*
    I vocaboli 単語 *108* / La grammatica 文法 *110*
    La rubrica コラム
    La cucina regionale e gli italiani 郷土料理とイタリア人 *112*

14. **Sogni d'oro.** 良い夢を。
    Il dialogo 会話 *114* / La grammatica 文法 *116* / I vocaboli 単語 *118*

イタリア語をこれから学ぼうと思う方、また学び続けようと思う方へ *120*

La pronuncia 発音 *122*
L'accento アクセント *123*
La grammatica 文法
　　　男性名詞と女性名詞 *124*
　　　主語人称代名詞と動詞の活用形 *126*

Slow life in italiano

## La mattina tutto si muove lentamente aspettando

朝、最初の朝日を待ちながら、すべてがゆっくりと動きます。

il primo raggio di sole.

## Apro la finestra. 窓を開けます。

### Respiro profondamente.
深呼吸をします。　※直訳：私は深く呼吸をします。

### Il dialogo
会話

(Mamma)
**Buongiorno! Yuki, svegliati!**
ブオンジョルノ！　ユーキ、ズヴェーリアティ！
おはよう！　ユキちゃん、起きなさい！

**È l'ora di alzarsi! Oggi fa bel tempo.**
エ・ローラ・ディ・アルツァルスィ！　オッジ・ファ・ベル・テンポ
もう起きる時間ですよ！　今日はお天気よ。

(Yuki)
**Ho ancora sonno.**
オ・アンコーラ・ソンノ
まだ眠いよ。

(Mamma)
**Devi andare a scuola.**
デーヴィ・アンダーレ・ア・スクオーラ
学校に行かなきゃ。

(Yuki)
**Fammi dormire ancora.**
ファンミ・ドルミーレ・アンコーラ
まだ寝かせて。

Slow life in italiano

# 1.

## Modi di dire　慣用表現

| | | |
|---|---|---|
| è l'ora di ＋ 動詞の原形 | エ・ローラ・ディ | 〜する時間ですよ |
| oggi | オッジ | 今日 |
| fa bel tempo | ファ・ベル・テンポ | 天気が良い |

**Che tempo fa oggi ?**
ケ・テンポ・ファ・オッジ？　　今日の天気はどうですか？

— **Oggi piove (nevica).**　今日は雨（雪）です。
　　オッジ・ピオーヴェ（ネーヴィカ）

| | | |
|---|---|---|
| avere sonno | アヴェーレ・ソンノ | 眠い |
| ancora | アンコーラ | まだ |
| fare ＋ 動詞の原形 | ファーレ | 〜させる |

Slow life in italiano

# Apro la finestra.

## La grammatica
文法

**avere と essere**
avere [アヴェーレ] は、**持っている**という動作を表す動詞、essere [エッセレ] は、状態を表す動詞で、どちらもイタリア語には欠かせない動詞です。不規則動詞なので、この活用は覚えてしまわなければなりません。また、avere と essere は助動詞として他の動詞と結びつき、過去の表現にも使われます。(※ p.26 参照)
avere は、主語に合わせて活用します。

(io) **Ho** una lettera.　　　　　私が手紙を持っています。
オ・ウーナ・レッテラ

(tu) **Hai** una lettera.　　　　　君が手紙を持っています。
アイ・ウーナ・レッテラ

(lui / lei / Lei) **Ha** una lettera.
ア・ウーナ・レッテラ
　　　　　　　　彼が／彼女が／あなたが手紙を持っています。

(noi) **Abbiamo** una lettera.　　私たちが手紙をが持っています。
アッビアーモ・ウーナ・レッテラ

(voi) **Avete** una lettera.　　君たちが／あなたたちが手紙を持っています。
アヴェーテ・ウーナ・レッテラ

(loro) **Hanno** una lettera.　　彼らが手紙を持っています。
アンノ・ウーナ・レッテラ

essere は、後に続く形容詞も、主語の性と数によって活用します。

(io) **Sono** giapponese.
ソーノ・ジャッポネーゼ

私は日本人です。

(tu) **Sei** giapponese.
セイ・ジャッポネーゼ

君は日本人です。

(lui / lei / Lei) **È** giapponese.
エ・ジャッポネーゼ

彼は／彼女は／あなたは日本人です。

(noi) **Siamo** giapponesi.
スィアーモ・ジャッポネーズィ

私たちは日本人です。

(voi) **Siete** giapponesi.
スィエーテ・ジャッポネーズィ

君たちは／あなたたちは日本人です。

(loro) **Sono** giapponesi.
ソーノ・ジャッポネーズィ

彼らは日本人です。

このように、イタリア語では動詞の変化で主語が分かるので、通常、主語は省略します。

Slow life in italiano

# Apro la finestra.

## I vocaboli
単語

| | | | |
|---|---|---|---|
| l'alba | ラルバ | 夜明け | |
| la mattina | ラ・マッティーナ | 朝 | |
| la finestra | ラ・フィネストラ | 窓 | |
| la tenda | ラ・テンダ | カーテン | |
| il sole | イル・ソーレ | 太陽 | |
| le nuvole | レ・ヌーヴォレ | 雲 | ※複数形 |
| la pioggia | ラ・ピオッジャ | 雨 | |
| la neve | ラ・ネーヴェ | 雪 | |
| il vento | イル・ヴェント | 風 | |
| la nebbia | ラ・ネッビア | 霧 | |
| la sveglia | ラ・ズヴェーリア | 目覚まし時計 | |
| il bagno | イル・バーニョ | バスルーム兼トイレ | |
| | | | |
| la scuola | ラ・スクオーラ | 学校 | |
| lo zaino | ロ・ザイノ | リュック | |
| il grembiule | イル・グレンビューレ | スモック (学童用) | |
| il quaderno | イル・クアデルノ | ノート | |
| il diario | イル・ディアーリオ | 連絡帳 | |

※一般的には「日記」を指します

| | | | |
|---|---|---|---|
| le scarpe | レ・スカルペ | 靴 | ※複数形 |
| la sciarpa | ラ・シャルパ | マフラー | |
| i guanti | イ・グアンティ | 手袋 | ※複数形 |
| lo scuolabus | ロ・スクオラブース | スクールバス | |

# 1.

| | | | |
|---|---|---|---|
| aprire | アプリーレ | 開ける | |
| respirare | レスピラーレ | 呼吸する | |
| alzarsi | アルツァルスィ | 起きる | ※再帰動詞：p.116 参照 |
| svegliarsi | ズヴェリアルスィ | 目を覚ます | ※同上 |
| sbrigarsi | ズブリガルスィ | 急ぐ | ※同上 |
| dovere | ドヴェーレ | 〜をしなくてはいけない | |
| preparare | プレパラーレ | 準備をする | |
| andare | アンダーレ | 行く | |
| uscire | ウッシーレ | 外出する | |

Slow life in italiano

# Apro la finestra.

 La rubrica

## La giornata comincia con un "Buongiorno!"
１日の始まりは「ブオンジョルノ！」

　イタリアの朝は、元気な Buongiorno!［ブオンジョルノ！］という言葉で始まります。
　buono［ブオーノ］**良い**＋ giorno［ジョルノ］**１日**という２つの言葉が組み合わさった朝のあいさつ。「あなたにも良い１日を」という気持ちがこもった言葉です。通常、朝起きてから昼過ぎまでは、この buongiorno が「おはよう」「こんにちは」というあいさつとして使われます。
　１日で何度このあいさつをするだろう？と思うほど、良く口にする言葉。村ですれ違った顔見知りの人へ、バスに乗るときには運転手さんへ、お店に入るときにはお店の人に向かって…。
　見知らぬ人に対しても、何かの縁でその場に居合わせることがあれば、あいさつをすることが多いイタリア。バス停やレストランでも、隣の席の人や一緒にバスを待っている人に、Buongiorno. を言ったり言われたり。
　家族同士でも、朝のあいさつは Buongiorno. です。前の日にけんかをしても、翌朝の Buongiorno. で仲直りできるのは、きっとお互いに相手の「良い日」を願っているから。
　「今日という１日が良い日でありますように」という気持ちを込めて、Buongiorno! で、１日が始まります。

Slow life in italiano

# 1.

Slow life in italiano

# Preparo la colazione.　朝食を準備します。

## La giornata inizia di mattina con un buon caffè.
１日は朝のおいしいコーヒーでスタートします。

### Il dialogo
会話

(Mamma)
**Faccio il caffè.**
ファッチョ・イル・カッフェ
（私が）コーヒーを淹れるね。

(Yuki)
**Mi passi la marmellata?**
ミ・パッスィ・ラ・マルメッラータ？
私にジャムを取ってくれる？

(Mamma)
**È uscito il caffè. Dov'è lo zucchero?**
エ・ウッシート・イル・カッフェ。ドヴェ・ロ・ズッケロ？
コーヒーが入ったよ。お砂糖はどこ？

※直訳：コーヒーが出たよ。
uscire［ウッシーレ］出る

(Babbo)
**La zuccheriera sta dentro la credenza.**
ラ・ズッケリエーラ・スタ・デントロ・ラ・クレデンツァ
砂糖入れは食器棚の中に入っているよ。

(Yuki)
**Per iniziare bene la giornata ci vuole una fetta di pane con della buona marmellata, vero?**
ペル・イニツィアーレ・ベーネ・ラ・ジョルナータ・チ・ヴオーレ・ウーナ・フェッタ・ディ・パーネ・コン・デッラ・ブオナ・マルメッラータ、ヴェーロ？
良い１日をスタートするには、パン１切れとおいしいジャムが必要だよね、そう思わない？

# 2.

### Modi di dire  慣用表現

fare il caffè  ファーレ・イル・カッフェ  コーヒーを淹れる

# Preparo la colazione.

## La grammatica
文法

### 「私に〜を取ってくれる？」

passi [パッスィ] は、passare [パッサーレ] **渡す**の2人称単数形。動詞の前に人称代名詞 mi [ミ] **私に**を置いて、「私に〜を渡してくれる？」つまり「私に〜を取ってくれる？」となり、日常的によく使います。

mi を他の人称に変えるときは、passare もその人称に合わせて活用します。

**Mi passi** la marmellata?
ミ・パッスィ・ラ・マルメッラータ？
私にジャムをとってくれる？

**Ti passo** la marmellata?
ティ・パッソ・ラ・マルメッラータ？
君にジャムを取ってあげようか？

**Gli / Le passo** la marmellata?
リ／レ・パッソ・ラ・マルメッラータ？
彼に／彼女に／あなたにジャムを取ってあげようか？

**Ci passi** la marmellata?
チ・パッスィ・ラ・マルメッラータ？
私たちにジャムを取ってくれる？

**Vi passo** la marmellata?
ヴィ・パッソ・ラ・マルメッラータ？
君たちに／あなたたちにジャムを取ってあげようか？

**Gli passo** la marmellata?
リ・パッソ・ラ・マルメッラータ？
彼らにジャムを取ってあげようか？

# 2.

Lei [レイ] **あなた**に対して、「私に〜を取ってもらえますか?」と丁寧に言うときには、最後に per favore [ペル・ファヴォーレ] **お願いします**をつけましょう。

Mi passa la marmellata, per favore?
ミ・パッサ・ラ・マルメッラータ、ペル・ファヴォーレ?

私にジャムを取ってもらえますか?

Slow life in italiano

# Preparo la colazione.

## I vocaboli
単語

| | | |
|---|---|---|
| la colazione | ラ・コラツィオーネ | 朝食 |
| il pane | イル・パーネ | パン |
| il latte | イル・ラッテ | 牛乳 |
| la marmellata | ラ・マルメッラータ | ジャム |
| il burro | イル・ブッロ | バター |
| il miele | イル・ミエーレ | ハチミツ |
| la tazza | ラ・タッツァ | カップ |
| la tazzina | ラ・タッツィーナ | コーヒー用の小さなカップ |
| la caffettiera / la moka | ラ・カッフェッティエーラ／ラ・モカ | コーヒーメーカー |
| il caffè | イル・カッフェ | コーヒー |
| i biscotti | イ・ビスコッティ | ビスケット ※複数形 |
| lo zucchero | ロ・ズッケロ | 砂糖 |
| lo yogurt | ロ・ヨーグルトゥ | ヨーグルト |
| la marmellata fatta in casa | ラ・マルメッラータ・ファッタ・イン・カーサ | 自家製ジャム |

☀ fatta in casa を後ろにつけると、**自家製の〜**という表現になります。fatta は fare ［ファーレ］ **作る**の過去分詞、in casa は**家で**という意味です。

il pane fatto in casa
イル・パーネ・ファット・イン・カーサ　　自家製のパン

la torta fatta in casa
ラ・トルタ・ファッタ・イン・カーサ　　自家製のケーキ

## 2.

また、fatta a mano [ファッタ・ア・マーノ] **手作りの**という表現も同じように使います。

  la pasta **fatta a mano**
  ラ・パスタ・ファッタ・ア・マーノ    手打ちのパスタ

  la maglia **fatta a mano**
  ラ・マーりア・ファッタ・ア・マーノ   手編みのセーター

preparare   プレパラーレ    準備する
versare    ヴェルサーレ    注ぐ

  Verso il caffè nella tazza.
  ヴェルソ・イル・カッフェ・ネッラ・タッツァ
 （私が）コーヒーをカップに注ぐ。

Slow life in italiano

# Preparo la colazione.

## La rubrica

## Il latte e gli allevamenti biologici
牛乳と有機酪農について

　私たちが住んでいる北トスカーナのムジェッロ地方では、酪農がとてもさかんです。車を走らせると、放牧地でのんびりと草を食べている牛たちを所々で見かけます。それぞれの農家には、丸くまとめられた冬用の大きな干草の束が、たくさん積まれています。

　イタリアで、有機農法により飼育されている牛の牛乳を il latte biologico［イル・ラッテ・ビオロージコ］と呼びます。牛の飼育方法、飼料などについて、法律で細かく定められた有機農法の基準に沿った農家の牛乳だけが、この BIO マークをつけることができます。

　BIO 酪農の規格では、「農薬を使わない牧草を与えること」「牛たちが放牧場を自由に行き来できること」「抗生物質を使わないこと」「1 ヘクタールの放牧面積に対して 2 頭以内であること」などが細かく定められています。

　土地の広さに対して、牛たちが排出する堆肥の最大量も決められています。これにより、農場の広さによって飼育できる牛の頭数が限られます。

　酪農では、家畜の糞の処理は大きな問題の 1 つ。土地を肥やしてくれると思われがちの堆肥ですが、土壌が自然分解できる量を超えてしまうと、窒素が河川に流れ出し、土壌や海水を汚染してしまうのです。

　また BIO 酪農では、無理にミルクを出させるような薬剤の投与をしません。これは、牛の体に負担をかけないためです。そのため、BIO でない酪農に比べて、1 頭の牛から採れる牛乳の量は 15 〜 30％も少ないのだそうです。

そのため、値段は少し高めです。通常の牛乳が 1 リットル当たり平均 1.25 ユーロであるのに対して、BIO 牛乳は 1.58 ユーロします。

　ですが、環境に優しく体に良いのは、BIO 牛乳です。大地を汚さず、健康な牛たちにおいしい牛乳を提供し続けてほしいと考えると、BIO 牛乳に手が伸びます。

　品質の高さは、放牧地でのんびりと草を食べる牛たちを見れば分かります。これから食品を選ぶときには、値段やブランドだけでなく、環境や家畜にとって良い方法で作られている食品なのかどうかということも、判断基準になってくるのかもしれません。

## ☀ イタリアの牛乳の種類：

### il latte fresco
イル・ラッテ・フレスコ

フレッシュな牛乳

スーパーや商店の冷蔵コーナーに置いてあります。
賞味期限は短く 4 日ほど。

### il latte a lunga scadenza
イル・ラッテ・ア・ルンガ・スカデンツァ

ロングライフ牛乳

スーパーや商店の通常の棚に置いてあります。高温殺菌し、気密性の高いアルミコーティング容器などで無菌的に牛乳が注入されているため、賞味期限が 3 か月程度と長く、常温保存することができます。

### il latte intero
イル・ラッテ・インテーロ

脂肪分調整をしていない牛乳

### il latte parzialmente scremato
イル・ラッテ・パルツィアルメンテ・スクレマート

一部脂肪分調整をし、脂肪分が 1.5 ～ 1.8％の牛乳

### il latte magro
イル・ラッテ・マーグロ

脂肪分が 0.1 ～ 0.5％の低脂肪牛乳

## Sfoglio il giornale di oggi. 今日の新聞を開きます。

### Vado a comprare il giornale.
新聞を買いに行くね。

## Il dialogo
会話

(Chiho)
### Scusi, ha la Repubblica di oggi?
スクーズィ、ア・ラ・レプッブリカ・ディ・オッジ？
すみません、今日のレプッブリカ紙はありますか？

(Il giornalaio)
### Sì. Lo vuole con la rivista o senza?
スィ。ロ・ヴオーレ・コン・ラ・リヴィスタ・オ・センツァ？
はい。（付録の）雑誌つきとなしはどちらが良いですか？

(Chiho)
### Me lo dia con la rivista. Quanto costa?
メ・ロ・ディーア・コン・ラ・リヴィスタ。クアント・コスタ？
雑誌つきをください。いくらですか？

(Il giornalaio)
### Costa un euro e cinquanta.
コスタ・ウン・エウロ・エ・チンクアンタ
1ユーロ50（セント）です。

# 3.

(Antonello)
## Hai comprato il giornale?
アイ・コンプラート・イル・ジョルナーレ？
新聞買った？

(Chiho)
## Sì. Vediamo che cosa è successo ieri.
スィ。ヴェディアーモ・ケ・コーザ・エ・スッチェッソ・イエリ
ええ。さて、昨日は何が起こったのか見てみましょう。

Modi di dire　慣用表現

mi dia 〜　　ミ・ディーア　　〜を下さい

※ dia は dare［ダーレ］与える、渡すの3人称単数形

# Sfoglio il giornale di oggi.

## La grammatica
文法

**過去形**
イタリア語にはいくつかの過去形がありますが、主に「助動詞（essere または avere）＋動詞の過去分詞」という近過去で表します。「〜を」と目的語を伴う他動詞の場合、「主語によって活用した助動詞 avere ＋ 過去分詞」となります。

☼ comprare　コンプラーレ　買う

**Ho comprato** il giornale.
オ・コンプラート・イル・ジョルナーレ
（私が）新聞を買いました。

**Hai comprato** il giornale.
アイ・コンプラート・イル・ジョルナーレ
（君が）新聞を買いました。

**Ha comprato** il giornale.
ア・コンプラート・イル・ジョルナーレ
（彼が／彼女が／あなたが）新聞を買いました。

**Abbiamo comprato** il giornale.
アッビアーモ・コンプラート・イル・ジョルナーレ
（私たちが）新聞を買いました。

**Avete comprato** il giornale.
アヴェーテ・コンプラート・イル・ジョルナーレ
（君たちが／あなたたちが）新聞を買いました。

**Hanno comprato** il giornale.
アンノ・コンプラート・イル・ジョルナーレ
（彼らが）新聞を買いました。

# 3.

目的語を伴わない自動詞の場合は、「主語によって活用した助動詞 essere ＋過去分詞」ですが、その過去分詞も、主語の性数によって語尾が変化します。

☀ succedere　スッチェーデレ　起こる

È successo un incidente.
エ・スッチェッソ・ウン・インチデンテ
事故が（1つ）起きました。

Sono successi due incidenti.
ソーノ・スッチェッスィ・ドゥーエ・インチデンティ
事故が2つ起きました。

---

### 「〜はいくらですか？」
値段を聞く表現は、対象が単数か複数かにより、動詞 costare ［コスターレ］**(値段が)かかる**の活用が変化します。

Quanto costa questo libro?
クアント・コスタ・クエスト・リーブロ？
この本はいくらですか？

— Costa 2 euro.
　コスタ・ドゥーエ・エウロ
　2ユーロです。

Quanto costano questi fiori?
クアント・コスタノ・クエスティ・フィオーリ？
これらの花はいくらですか？

— 10 fiori costano 5 euro.
　ディエチ・フィオーリ・コスタノ・チンクエ・エウロ
　10本で5ユーロです。

Slow life in italiano

# Sfoglio il giornale di oggi.

## I vocaboli
単語

| | | |
|---|---|---|
| il giornalaio | イル・ジョルナライオ | 新聞屋 |
| il giornale | イル・ジョルナーレ | 新聞 |
| la rivista | ラ・リヴィスタ | 雑誌 |
| la locandina | ラ・ロカンディーナ | (新聞屋の看板に掲げられる)見出し |
| l'articolo | ラルティーコロ | 記事 |
| l'articolo di apertura | ラルティーコロ・ディ・アペルトゥーラ | 社説 |
| il titolo | イル・ティートロ | 見出し |
| la prima pagina | ラ・プリーマ・パージナ | 一面 |
| la cronaca / la notizia | ラ・クローナカ／ラ・ノティーツィア | ニュース |
| la cronaca nera | ラ・クローナカ・ネーラ | 悪いニュース(事件や事故など) |

※直訳：黒いニュース

| | | |
|---|---|---|
| l'economia | レコノミーア | 経済 |
| la politica | ラ・ポリーティカ | 政治 |
| l'attualità | ラットゥアリタ | 時事ニュース(芸能、流行なども含む) |
| lo sport | ロ・スポルトゥ | スポーツ |
| il telegiornale | イル・テレジョルナーレ | テレビのニュース |
| il giornale radio | イル・ジョルナーレ・ラーディオ | ラジオのニュース |

# 3.

| | | |
|---|---|---|
| avere | アヴェーレ | 持っている、取り扱っている |
| dare | ダーレ | 与える、渡す |
| volere | ヴォレーレ | 希望する、ほしがる |
| vendere | ヴェンデレ | 売る |
| comprare | コンプラーレ | 買う |
| sfogliare | スフォリアーレ | (ページを) めくる |
| leggere | レッジェレ | 読む |
| succedere | スッチェーデレ | 起こる、発生する |

## Sfoglio il giornale di oggi.

**La rubrica**

### I giornali italiani
イタリアの新聞

　イタリアでは通常、新聞の発行は朝刊のみの1日1回。各家庭への配達はありません。それぞれが、新聞屋さんに買いに行きます。

　新聞屋さんはバールと同じく朝早くから開いていて、各紙のその日の見出しが看板に掲げられています。新聞は La Repubblica［ラ・レプッブリカ］や Il Corriere della Sera［イル・コッリエーレ・デッラ・セーラ］、Il Giornale［イル・ジョルナーレ］などに代表される全国紙と、フィレンツェの La Nazione［ラ・ナツィオーネ］、ローマの Il Messaggero［イル・メッサッジェーロ］などの地方紙があります。

　日本の新聞との大きな違いは、テレビ欄がまったく掲載されないか、あるとしても、ほんの片隅の見つけにくい場所にとても小さく掲載されていることです。

　左開きで、一面にはその日の一大ニュースと社説の見出しが掲載され、裏面はたいてい、一面広告が掲載されています。一面から順に、その日のトップニュース、経済、世界情勢、国内の政治、事件などと続き、中盤は、文化芸術、流行と芸能、スポーツ、そして後半は必ず地方欄がついています。

　地方欄は、たとえばフィレンツェの場合、市内で起こった事件や事故、市政、市内のイベントなどの記事が掲載されています。最後の方のページでは、その日に行われるイベント、美術館の開館・閉館時間、主要都市間の列車の時刻、夜間も開いている薬局のリスト、天気予報、映画館の上映リストなど、便利な情報が見つかります。8月など長期バカンスのために閉店するお店が多い時期は、その時期でも開いているお店や薬局、各種サービスの情報も掲載されます。

# 3.

　私の1年間の留学生活の中で、新聞が読めるようになったのはかなり後のほうでした。語学力はもとより、イタリアで何が起こっているのか、何の話題なのかを知らない限り、特に政治経済に関する記事を理解するのはかなり難しいです。それでも、文化欄や小さな記事から少しずつ読み始めることで、日常会話とは違う、新聞独特の文章に慣れることができるでしょう。

　全国紙には1週間に一度程度、雑誌がつく日があります。私が買っている La Repubblica に雑誌がつくのは、金曜日と土曜日。特に土曜日の雑誌は、写真もたくさん掲載されていますし、時事問題や著名人のインタビューなども載っており、なかなか読み応えがあります。

　留学生時代、新聞を買って、それを読みながらバールで朝ごはんを食べると、イタリア人になった気分がして、とてもワクワクしたものでした。その新聞は1週間かけて、大事に隅から隅まで読んだものです。今でも、私が新聞を買うのは週に1〜2回。その代わり、すべての記事に片っぱしから隅々まで目を通します。

Slow life in italiano

## Abbiamo le galline.  私たちは鶏を飼っています。

**Ogni giorno andiamo a prendere le uova al pollaio.**
毎日、鶏小屋に卵を採りに行きます。

### Il dialogo
会話

(Mamma)
**Quante uova ci sono oggi?**
クアンテ・ウオーヴァ・チ・ソーノ・オッジ？
今日は卵は何個？

(Yuki)
— **Oggi c'è solo un uovo.**
オッジ・チェ・ソーロ・ウン・ウオーヴォ
今日はたった1個（の卵があります）。

— **Oggi ci sono due uova.**
オッジ・チ・ソーノ・ドゥーエ・ウオーヴァ
今日は2個。

— **Oggi ci sono cinque uova!**
オッジ・チ・ソーノ・チンクエ・ウオーヴァ！
今日は5個もあるよ！

**Scrivo sul guscio la data di oggi.**
スクリーヴォ・スル・グッショ・ラ・ダータ・ディ・オッジ
今日の日付を殻に書くね。

Slow life in italiano

# 4.

(Mamma)

## Che cosa cuciniamo con queste uova?
ケ・コーザ・クチニアーモ・コン・クエステ・ウオーヴァ？
これらの卵で何を作ろうか？

(Yuki)

## Le uova al tegamino!
レ・ウオーヴァ・アル・テガミーノ！
目玉焼き！

Slow life in italiano

# Abbiamo le galline.

## La grammatica
文法

**卵の数え方**
単数だと男性形 uovo［ウオーヴォ］なのに、複数になるとなぜか女性形 uova［ウオーヴァ］になってしまう**卵**。数と一緒に覚えると良いでしょう。

un uovo
ウン・ウオーヴォ
卵1個

due uova
ドゥーエ・ウオーヴァ
卵2個

tre uova
トレ・ウオーヴァ
卵3個

tante uova
タンテ・ウオーヴァ
たくさんの卵

## 4.

### 「～はいくつありますか？」

「Quanti［クアンティ］＋名詞（男性名詞の複数形）＋ ci［チ］＋ sono［ソーノ］？」で、「～はいくつありますか？」の意味です。後に続く名詞が女性形の場合は、Quante［クアンテ］になります。

Quanti pomodori ci sono?
クアンティ・ポモドーリ・チ・ソーノ？
トマトは何個ありますか？

Quante case ci sono?
クアンテ・カーセ・チ・ソーノ？
家は何軒ありますか？

### 「～は…個あります」

「ci［チ］＋ essere の活用形＋数＋名詞」で「～は…個あります」の意味です。essere は後に続く名詞の性数によって活用します。（3人称単数は é［エ］、複数は sono［ソーノ］）

C'è un pomodoro.
チェ・ウン・ポモドーロ
トマトは1個あります。

Ci sono due pomodori.
チ・ソーノ・ドゥーエ・ポモドーリ
トマトは2個あります。

Slow life in italiano

# Abbiamo le galline.

## I vocaboli
単語

| | | |
|---|---|---|
| il pollaio | イル・ポッラーイオ | 鶏小屋 |
| la mangiatoia | イル・マンジャトーイア | エサ箱 |
| la gallina | ラ・ガッリーナ | 雌鶏 |
| il gallo | イル・ガッロ | 雄鶏 |
| la cresta | ラ・クレスタ | トサカ |
| il becco | イル・ベッコ | くちばし |
| la chioccia | ラ・キオッチャ | 卵を抱く雌鶏 |
| il pulcino | イル・プルチーノ | ヒヨコ |
| il polletto | イル・ポッレット | 若鶏 |
| l'uovo | ルオーヴォ (m.) | 卵 |

※複数形は le uova［レ・ウオーヴァ］(f.)

| | | |
|---|---|---|
| il grano | イル・グラーノ | 麦 |
| il mais | イル・マイス | トウモロコシ |
| il mangime | イル・マンジーメ | 飼料 |
| la pollina | ラ・ポッリーナ | 鶏糞(けいふん) |
| l'erba | レルバ | 草 |

# 4.

| | | |
|---|---|---|
| il guscio d'uovo | イル・グッショ・ドゥオーヴォ | 卵の殻 |
| il tuorlo | イル・トゥオルロ | 黄身 |
| l'albume | ラルブーメ (m.) | 白身 |
| l'uovo al tegamino | ルオーヴォ・アル・テガミーノ (m.) | 目玉焼き |

※複数形 le uova al tegamino ［レ・ウオーヴァ・アル・テガミーノ］(f.)

| | | |
|---|---|---|
| l'uovo crudo | ルオーヴォ・クルード (m.) | 生卵 |

※複数形は le uova crude ［レ・ウオーヴァ・クルーデ］(f.)

| | | |
|---|---|---|
| l'uovo sodo | ルオーヴォ・ソード (m.) | ゆで卵 |

※複数形は le uova sode ［レ・ウオーヴァ・ソーデ］(f.)

| | | |
|---|---|---|
| le uova strapazzate | | スクランブルエッグ |
| | レ・ウオーヴァ・ストラパッツァーテ | ※複数形 |
| covare | コヴァーレ | 卵を抱くこと |
| cantare | カンターレ | （鶏が）鳴く |
| beccare | ベッカーレ | （エサや虫を）ついばむ |

Slow life in italiano

# Abbiamo le galline.

### La rubrica

## Allevare le galline per le uova fresche
新鮮な卵のために鶏を飼うこと

　我が家の朝は、雄鶏の鳴き声でにぎやかに始まります。森の奥に作った鶏小屋で、雌鶏6羽、若鶏10羽、そして雄鶏1羽を飼っています。

　我が家の鶏たちはのんびり屋さんなのか、卵が全部揃うには正午まで待たなくてはなりません。毎日だいたい5〜6個の卵が採れます。鶏は、小屋の中の決められた場所に卵を産みます。

　午後3時ごろに小屋を開けてやると、元気に森へと飛び出す鶏たち。土を掘り起こしたり、砂場を見つけて砂風呂に入ったり、草を食べたりと、それぞれ勝手気ままに過ごしています。それでも何となく群れで行動をするのは、身を守る本能なのかもしれません。

　夕方、日が暮れてくると、自然と小屋の近くに戻ってきます。私やアントネッロが、エサが入った黄色いバケツを見せながら、Coo, coo. [コー、コー] と呼ぶと、大急ぎで小屋の中に入ります。

　エサは、トウモロコシ、小麦、スペルト小麦などを挽いたものに、台所から出る野菜くずを混ぜて与えます。鶏を飼い始めてからとても嬉しく感じることの1つが、台所の生ゴミが出なくなったこと。鶏たちは、レモンやオレンジなどの柑橘類の皮以外は何でも食べてくれるので、大助かりです。そしてもちろん、鶏小屋を掃除したときに出る鶏糞(けいふん)は、畑の貴重な肥料となり、おいしい野菜を育ててくれます。

　我が家の鶏の卵の殻はとても固く、白身もプルンとしていて弾力があり、黄身は色が濃くてねっとりとしています。この卵で作るシンプルなスポンジケーキはとてもおいしく、しっかり

と卵の味がします。ユキちゃんの大好物は、少し半熟気味に焼いた目玉焼き。鶏がいない生活はもう考えられないほど、私たちの暮らしに密着しています。

# Faccio il bucato.  洗濯をします。

Quando il tempo è sereno, stendiamo i panni.
晴れた日は洗濯物を干しましょう。

## Il dialogo
会話

(Chiho)
Oggi fa bel tempo, quindi posso fare il bucato.
オッジ・ファ・ベル・テンポ、クインディ・ポッソ・ファーレ・イル・ブカート
今日はお天気だから、洗濯ができるね。

Lavo a mano questo vestito, perché la stoffa è delicata.
ラーヴォ・ア・マーノ・クエスト・ヴェスティート・ペルケ・ラ・ストッファ・エ・デリカータ
この服はデリケートな素材だから、手洗いをしよう。

Gli altri invece li metto nella lavatrice.
リ・アルトリ・インヴェーチェ・リ・メット・ネッラ・ラヴァトリーチェ
一方、他は洗濯機に入れよう。

## 5.

### È asciutto il bucato?
エ・アッシュット・イル・ブカート？
洗濯物は乾いた？

(Antonello)
### I pantaloni sono ancora umidi. Mentre le calze sono già asciutte.
イ・パンタローニ・ソーノ・アンコーラ・ウーミディ。メントレ・レ・カルツェ・ソーノ・ジャ・アッシュッテ
ズボンはまだ湿っているよ。だけど、靴下はもう乾いているよ。

(Chiho)
### Se comincia a piovere puoi mettere il bucato dentro?
セ・コミンチャ・ア・ピオーヴェレ・プオイ・メッテレ・イル・ブカート・デントロ？
もし雨が降り出したら、洗濯物を中に入れてくれる？

### Modi di dire　慣用表現

| | | |
|---|---|---|
| A, quindi B | A、クインディ B | AだからB |
| potere ＋動詞の原形 | ポテーレ | 〜ができる |
| fare il bucato | ファーレ・イル・ブカート | 洗濯をする |
| lavare a mano | ラヴァーレ・ア・マーノ | 手洗いをする |
| mettere nella lavatrice | メッテレ・ネッラ・ラヴァトリーチェ | 洗濯機に入れる |
| già | ジャ | すでに |

Slow life in italiano

# Faccio il bucato.

## I vocaboli
単語

### 洗濯機の工程
1. prelavaggio    プレラヴァッジョ    下洗い
2. lavaggio    ラヴァッジョ    洗い
   - energico    エネルジコ    念入り
   - normale    ノルマーレ    普通
   - delicati    デリカーティ    デリケート
3. risciacquo    リシャックオ    すすぎ
4. ammorbidente    アンモルビデンテ    柔軟剤
5. centrifuga    チェントリーフガ    脱水
6. stop    ストップ    停止

### イタリアの洗濯機の表示
mezzo carico    メッゾ・カーリコ    半量
esclusione centrifuga        脱水なし
   　　　　　　エスクルスィオーネ・チェントリーフガ
temperatura    テンペラトゥーラ    (水の) 温度
programma    プログランマ    プログラム
   - cotone    コトーネ    コットン
   - sintetici    スィンテーティチ    化繊
   - lana    ラーナ    ウール

# 5.

Spento 停止
Jeans ジーンズ
Cotone / Colorati 綿/色物
Sport / Fitness スポーツ/フィットネス
Sensitive ソフトな
Rapido 短時間の
Centrifuga delicata デリケートな脱水
Scarico acqua 排水
Centrifuga 脱水
Risciacquo すすぎ
Lana / Pregiati ウール/よりデリケート
Avvio / Aggiungi Bucato スタート/洗濯物の追加
Prelavaggio 下洗い
Sintetici 化繊
Mix ミックス
Delicati / Seta デリケート/シルク

Slow life in italiano

# Faccio il bucato.

## I vocaboli
単語

| | | |
|---|---|---|
| la lavatrice | ラ・ラヴァトリーチェ | 洗濯機 |
| lo stendino | ロ・ステンディーノ | (折りたたみ式の) 物干し台 |
| la molletta | ラ・モッレッタ | 洗濯バサミ |
| la gruccia / la stampella | | ハンガー |
| | ラ・グルッチャ／ラ・スタンペッラ | |
| il sapone | イル・サポーネ | 石けん |
| la candeggina | ラ・カンデッジーナ | 漂白剤 |
| il sapone naturale | | 天然素材の石けん |
| | イル・サポーネ・ナトゥラーレ | |
| l'ammorbidente | ランモルビデンテ (m.) | 柔軟材 |
| il ferro da stiro | イル・フェッロ・ダ・スティーロ | アイロン |
| l'asse da stiro | ラッセ・ダ・スティーロ (f.) | アイロン台 |
| il bucato | イル・ブカート | 洗濯物の総称 |

※白地のものを中心に la biancheria ［ラ・ビアンケリーア］とも言います。

| | | | |
|---|---|---|---|
| la camicia | ラ・カミーチャ | シャツ | |
| le calze | レ・カルツェ | 靴下 | ※複数形 |
| la maglietta | ラ・マリエッタ | Tシャツ | |
| le mutande | レ・ムタンデ | パンツ | ※必ず複数形 |
| I partaloni | イ・パンタローニ | ズボン | ※同上 |
| l'asciugamano | ラッシュガマーノ | タオル | |

# 5.

| | | |
|---|---|---|
| il lenzuolo | イル・レンツオーロ | シーツ |
| la fodera | ラ・フォーデラ | 枕カバー |
| | | |
| la macchia | ラ・マッキア | しみ |
| lo sporco | ロ・スポルコ | 汚れ |
| la piega | ラ・ピエーガ | しわ |
| | | |
| avviare | アッヴィアーレ | スタートボタンを押す |
| centrifugare | チェントリフガーレ | (洗濯機で)しぼる、脱水する |
| strizzare | ストリッツァーレ | (手で)しぼる |
| asciugare | アッシュガーレ | 乾かす |
| stendere | ステンデレ | 干す |
| stirare | スティラーレ | アイロンをかける |
| piegare | ピエガーレ | 折りたたむ |

Slow life in italiano

# Faccio il bucato.

● La rubrica

## Le brave mamme italiane e il bucato
家事上手なイタリアマンマと洗濯

　トマトソース、オリーブオイル、赤ワイン、コーヒー…。テーブルクロスを汚しやすい料理や飲み物が多いのに、イタリアマンマは、ランチョンマットよりもコットン製のクロスにこだわる人が多いようです。しかも、大切に使い込まれた真っ白なテーブルクロス！

　そのため、いかに上手に染み抜きをするかはマンマの腕の見せ所。うっかり質問をすると、効果的な染み抜き方法を、染みの種類別に得意気に教えられることになります。

　だから洗剤選びも真剣そのもの。スーパーの洗剤売り場には、様々な種類の洗剤がずらりと並んでいます。洗濯洗剤には大きく分けて液体と粉末があり、それぞれに、il detersivo per la lavatrice [イル・デテルスィーヴォ・ペル・ラ・ラヴァトリーチェ] **洗濯機用の洗剤**、il detersivo per il bucato a mano [イル・デテルスィーヴォ・ペル・イル・ブカート・ア・マーノ] **手洗い用の洗剤**、il detersivo biodegradabile [イル・デテルスィーヴォ・ビオデグラダービレ] **自然に分解するエコ洗剤**などがあります。

　ある日、隣人のパオロがかわいいシャツを着ていました。真っ白なシャツですが、中途半端な位置に小さなバラの刺繍がついています。彼のマンマが一生懸命に染み抜きをしたのに染みが落ちず、最後はその上に、小さなバラの刺繍をしてくれたのだそうです。

　このシャツは、今では彼の宝物です。洗濯上手なマンマでもかなわない染みも中にはあるけれど、その上に刺繍をしてしまうイタリアマンマの徹底ぶりには脱帽します。

# 5.

Slow life in italiano

# Lavoro nel campo.  畑仕事をします。

## Mi piace stare nell'orto.
畑にいるのが好きです。

### Il dialogo
会話

(Antonello)
**Chiho, dove sei?**
チホ、ドーヴェ・セイ？
チホ、どこにいるんだい？

(Chiho)
**Sono nell'orto.**
ソーノ・ネッロルト
畑よ。

(Antonello)
**Ci sono i pomodori maturi?**
チ・ソーノ・イ・ポモドーリ・マトゥーリ？
熟れたトマトはある？

(Chiho)
**Umm... vediamo.**
ウムム…ヴェディアーモ
う〜ん…見てみましょう。

**Sì, ci sono i pomodori rossi! Comunque i pomodori stanno finendo.**
スィ、チ・ソーノ・イ・ポモドーリ・ロッスィ！　コムンクエ・イ・ポモドーリ・スタンノ・フィネンド
うん、赤いトマトがあるよ！　ともかく、トマトはもうすぐおしまいね。

## 6.

**Devo girare la terra e piantare le verdure invernali.**

デーヴォ・ジラーレ・ラ・テッラ・エ・ピアンターレ・レ・ヴェルドゥーレ・インヴェルナーリ

土を耕して、冬野菜を植えなくてはね。

(Antonello)
**Che cosa pianti per l'inverno?**

ケ・コーザ・ピアンティ・ペル・リンヴェルノ？

冬のためには何を植えるんだい？

(Chiho)
**Pianto i cavoli, i broccoli e i finocchi.**

ピアント・イ・カーヴォリ、イ・ブロッコリ・エ・イ・フィノッキ

キャベツ、ブロッコリー、フェンネルを植えるのよ。

☀ 3つ以上の名詞を羅列するときはコンマで区切り、最後の名詞の前に e をつけます。

### Modi di dire　慣用表現

Dove sei?　ドーヴェ・セイ　（君は）どこにいるの？

Slow life in italiano

# Lavoro nel campo.

## La grammatica
文法

### 「〜（をすること）が好き」
piacere［ピアチェーレ］は、好かれるという動詞。「私は〜が好き」というときは、「〜が私に好かれる」と表現するので、人称代名詞 mi［ミ］**私に**を piacere の前に置き、「Mi piace［ミ・ピアーチェ］＋名詞（または動詞の原形）」で、「私は〜（をすること）が好き」という意味になります。

後ろが名詞の場合は、単数か複数かによって、piacere を活用します。

**Mi piace** la casa.　　　　　　　　　　　※直訳：家が私に好かれる。
ミ・ピアーチェ・ラ・カーサ
私は家が好きです。

**Mi piacciono** i pomodori.　　　　　　　※直訳：トマトが私に好かれる。
ミ・ピアッチョノ・イ・ポモドーリ
私はトマトが好きです。

**Mi piace** stare nell'orto.　　　　※直訳：畑にいるということが私に好かれる。
ミ・ピアーチェ・スターレ・ネッロルト
私は畑にいるのが好きです。

# 6.

# Lavoro nel campo.

## I vocaboli
単語

| | | |
|---|---|---|
| il seme | イル・セーメ | 種 |
| la piantina | ラ・ピアンティーナ | 苗 |
| il tutore | イル・トゥトーレ | 支柱 |
| la fila | ラ・フィーラ | 畝(うね) |
| la femminella | ラ・フェンミネッラ | 脇芽 |
| il concime | イル・コンチーメ | 肥料 |
| il raccolto | イル・ラッコルト | 収穫物 |

| | | | |
|---|---|---|---|
| gli stivali di gomma | り・スティヴァーリ・ディ・ゴンマ | ゴム長靴 | ※複数形 |
| la vanga | ラ・ヴァンガ | 土をひっくり返すためのシャベル | |
| la forca | ラ・フォルカ | 土をほぐすためのフォーク状の道具 | |
| il piccone | イル・ピッコーネ | ツルハシ | |
| la zappa | ラ・ザッパ | クワ | |
| la zappetta | ラ・ザッペッタ | 小さなクワ | |

# 6.

la coltivazione biologica　　有機農法
　　　　ラ・コルティヴァツィオーネ・ビオロージカ
l'equilibrio naturale　　　　自然のバランス
　　　　レクイリーブリオ・ナトゥラーレ
la concimazione biologica　オーガニックの肥料を与えること
　　　　ラ・コンチマツィオーネ・ビオロージカ
la biodiversità　　ラ・ビオディヴェルスィタ　　生物多様性
il compost　　　　イル・コンポストゥ
　　　（植物や動物の糞を混ぜて分解させた）コンポスト
il letame　　　　イル・レターメ　　（家畜の糞をベースにした）堆肥
l'humus　　　　　ルームス (m.)　　　腐葉土
il letto caldo　　 イル・レット・カルド　　温床
il sovescio　　　 イル・ソヴェッショ　　緑肥
　　　土に栄養を与えてくれる植物や野菜を育て、土壌を改良すること。
la rotazione　　　ラ・ロタツィオーネ　　輪作
　　　　　　　　　季節ごとに違う種類の野菜を植えること。
la zappatura　　　ラ・ザッパトゥーラ　　クワで土を軽く耕すこと
　　　　　　　根の発育を促し、地中に酸素を与える。
la rincalzatura　　ラ・リンカルツァトゥーラ　　土寄せ
　　　　　　　苗の近くに土を寄せ、根菜などの生育を良くする。
la consociazione　ラ・コンソチアツィオーネ
　　　　相互に成長を促す植物を組み合わせて植えること

Slow life in italiano

# Lavoro nel campo.

## La rubrica

## Anche le erbacce possono diventare un buon concime
雑草だって良い肥料になる

　**雑草**のことをイタリア語で l'erbaccia ［レルバッチャ］と呼びます。l'erba ［レルバ］が**草**、-ccia は、価値のないもの、評価の低いものを表すときに単語の後ろにつける表現です。でも私にとって、畑に生える erbaccia は、とても価値のある大事な畑の素材です。

　畑の畝(うね)に生える雑草は、抜き取って野菜の苗の根元に敷いておくと、夏場は強い日差しから若い苗の根元を守り、水分の蒸発を防いでくれます。地面が濡れていることを好むキュウリやズッキーニなどの野菜に特に有効ですが、私はその他の野菜の根元にも、この自然のマルチング（覆い）を利用しています。抜いた雑草で地表を覆うことで、乾燥によって土が固くなったり、土の栄養分が蒸発したりすることもなく、常にフカフカのみずみずしい状態で土を保つことができます。

　また、抜いた雑草は、鶏糞(けいふん)を混ぜて畑の片隅に山にしておき、時々水をやります。何回かぐるりと回して空気の通りを良くしておくと、春と秋の終わりの年に2回、良質のコンポストになります。畑を耕しているとたまに il lombrico ［イル・ロンブリーコ］**ミミズ**に遭遇しますが、そうしたらそっと手ですくって、コンポストの山に移動してもらっています。

# 6.

Slow life in italiano

A mezzogiorno quando il sole batte forte mi

真昼、太陽の日差しが強くなったら、私は日陰に入り、ハチたちの

metto all'ombra e ascolto ronzare le api.
羽音に耳を傾けます。

# Preparo il pranzo.     ランチの準備をします。

## Oggi mangiamo la pasta!
今日はパスタを食べよう！

### Il dialogo
会話

(Yuki)

**Che si mangia oggi?**
ケ・スィ・マンジャ・オッジ？
今日の献立は何？

(Babbo)

**Oggi cucino la pasta con le melanzane. Che tipo di pasta vuoi?**
オッジ・クチーノ・ラ・パスタ・コン・レ・メランザーネ。ケ・ティーポ・ディ・パスタ・ヴオイ？
今日はナスのパスタを作るよ。何の種類のパスタがいい？

(Mamma)

**Umm… ti va la pasta lunga? Facciamo gli spaghetti!**
ウムム…ティ・ヴァ・ラ・パスタ・ルンガ？　ファッチャーモ・リ・スパゲッティ！
う〜ん…ロングパスタはどう？　スパゲティにしよう！

(Babbo)

**Quanta fame avete? Quanta pasta metto?**
クアンタ・ファーメ・アヴェーテ？　クアンタ・パスタ・メット？
どのくらいお腹が空いてる？　どのくらいパスタを入れようか？

# 7.

(Yuki)
## Ho fame. Voglio una porzione abbondante. Fai 90 grammi a testa.
オ・ファーメ。ヴォーリオ・ウーナ・ポルツィオーネ・アッボンダンテ。ファイ・ノヴァンタ・グランミ・ア・テスタ

お腹空いてる。大盛りがいいな。1人あたり90グラムにして。

(Mamma)
## Mi aiuti, per favore?
ミ・アイウーティ・ペル・ファヴォーレ？

お手伝いしてくれる？

(Yuki)
## Certo!
チェールト！

もちろん！

(Mamma)
## Metti tre piatti, tre forchette e tre bicchieri.
メッティ・トレ・ピアッティ、トレ・フォルケッテ・エ・トレ・ビッキエーリ

お皿を3枚、フォークを3本、コップを3個置いてね。

☀ 名詞の前に数をつけるときは、冠詞はつけません。

## Modi di dire　慣用表現

Ti va ~ ?　ティ・ヴァ　　～はどう（いかが）？

  Ti va un caffè?
  ティ・ヴァ・ウン・カッフェ？
  コーヒーはどう？

Quanto　［クアント］　　～（男性名詞）？/
Quanta　［クアンタ］　　～（女性名詞）？　～をどのくらい？

Slow life in italiano

# Preparo il pranzo.

## La grammatica
文法

**「〜してくれる？」**
物事を頼むときは、命令形の他に、「potere〔ポテーレ〕＋動詞の原形」で「〜できる？（〜してくれる？）」という表現が使えます。「君」「あなた」「君たち」など、頼む相手によって potere を活用します。

**Puoi prendere** un piatto?
プオイ・プレンデレ・ウン・ピアット？
君、お皿を取ってくれる？

**Può ripetere** la domanda, per favore?
プオ・リペーテレ・ラ・ドマンダ、ペル・ファヴォーレ？
質問を繰り返していただけますか？

**Potete spostare** la macchina indietro?
ポテーテ・スポスターレ・ラ・マッキナ・インディエートロ？
君たち、車を後ろに移動してくれる？

7.

# Preparo il pranzo.

## I vocaboli
単語

| | | |
|---|---|---|
| la pasta | ラ・パスタ | パスタ |
| il formaggio | イル・フォルマッジョ | チーズ |
| il cassetto | イル・カッセット | 引き出し |
| le posate | レ・ポサーテ | カトラリー類 ※複数形 |
| il piatto | イル・ピアット | 皿 |
| il bicchiere | イル・ビッキエーレ | コップ |
| il mattarello | イル・マッタレッロ | 麺棒 |
| il pestello | イル・ペステッロ | すりこぎ |
| la grattugia | ラ・グラットゥージャ | チーズおろし |
| il colino | イル・コリーノ | こし器 |
| il mestolo | イル・メーストロ | おたま |
| la macchinetta per la pasta | ラ・マッキネッタ・ペル・ラ・パスタ | パスタマシーン |
| la padella | ラ・パデッラ | フライパン |
| la pentola | ラ・ペントラ | 鍋 |
| il coperchio | イル・コペルキオ | 蓋 |
| il grembiule | イル・グレンビューレ | エプロン |
| | | |
| preparare | プレパラーレ | 準備する |
| bollire | ボッリーレ | 沸騰する |
| grattugiare | グラットゥジャーレ | すりおろす |
| aiutare | アイウターレ | 手伝う、助ける |
| apparecchiare | アッパレッキアーレ | テーブルセッティングをする |
| mangiare | マンジャーレ | 食べる |
| mettere | メッテレ | 入れる、置く |
| venire | ヴェニーレ | 来る |
| aggiungere | アッジュンジェレ | 加える |

イタリア語の名詞の中には、「(道具を使う) 動作を表す動詞と、それに関連する名詞」が組み合わされた道具の名前があります。特に用途と強く結びついているキッチン用品の中には、そうしたおもしろい名詞がたくさん見つかります。

| | | |
|---|---|---|
| passaverdura | パッサヴェルドゥーラ (m.) | 野菜裏ごし器 |
|   passare | パッサーレ | 裏ごしする |
|  + verdura | ヴェルドゥーラ (f.) | 野菜 |
| schiacciapatate | スキアッチャパターテ (m.) | ジャガイモのマッシャー |
|   schiacciare | スキアッチャーレ | 潰す |
|  + patate | パターテ (f.) | ジャガイモ ※複数形 |
| cavatappi | カヴァタッピ (m.) | 栓抜き |
|   cavare | カヴァーレ | 抜く |
|  + tappi | タッピ (m.) | 栓 ※複数形 |
| scolapasta | スコラパースタ (m.) | 湯きり用ザル |
|   scolare | スコラーレ | 水をきる |
|  + pasta | パスタ (f.) | パスタ |
| macinapepe | マチナペーペ (m.) | ペッパーミル |
|   macinare | マチナーレ | 挽く |
|  + pepe | ペーペ (m.) | コショウ |
| spremiagrumi | スプレミアグルーミ (m.) | レモンしぼり |
|   spremere | スプレーメレ | しぼる |
|  + agrumi | アグルーミ (m.) | 柑橘類 ※複数形 |

Slow life in italiano

# Preparo il pranzo.

## La rubrica

### Butta la pasta!
ブッタ・ラ・パスタ！

　イタリアでは、週末は一族が全員集まって、長い時間をかけて一緒に昼食を食べる習慣があります。私たちの場合は、アントネッロの実家が南イタリアで遠く離れているので、普段はトスカーナの我が家で、家族３人揃ってランチを食べます。

　それぞれが好きなことをしている土曜日のランチは、手早く作れるパスタです。アントネッロは畑で季節の野菜を取って来て、それを具にして、手打ち麺や乾燥麺のパスタを調理します。冬の間、畑の食材が手に入らないときには、夏の間に作っておいたトマトの瓶詰めを開けてソースにします。

　パスタのお湯が沸いたら、アントネッロが Butto la pasta!［ブット・ラ・パスタ！］「**パスタを（お湯に）投げ入れるぞ！**」と声をかけます。それを聞いたユキちゃんと私は、それまでやっていたことを中断し、キッチンでテーブルセッティングを手伝います。

　イタリアでは、家に帰る前に Mamma, butta la pasta!［マンマ、ブッタ・ラ・パスタ！］「**マンマ、パスタを投げ入れて（ゆで始めて）！**」と自宅に連絡する人もたくさんいます。「自分はあと10分ほどで家に着くから、パスタをゆで始めて！」という合図です。「ブッタ・ラ・パスタ！」―おまじないのようですが、イタリアの日常にとてもなじんだ言葉です。

# 7.

# Tutti a tavola!　　みんな、食卓に！

## La pasta è cotta.
パスタがゆで上がりました。

## Il dialogo
会話

(Babbo)
### È pronto! Venite a tavola!
エ・プロント！　ヴェニーテ・ア・ターヴォラ！
準備ができたよ！　着席！

(Babbo, Mamma, Yuki)
### Buon appetito!
ブオナッペティート！

☀ イタリア語には「いただきます」という言葉がありません。食事を始める前に、皆で Buon appetito! と言い合います。これは、buon［ブオン］**良い**、appetito［アッペティート］**食欲**という２つの単語が組み合わさった表現で、「おいしく食べてください」「おいしく食べましょう」という意味を含んでいます。食べる人も作った人も、共に言い合います。

(Babbo)
### Vuoi un po' di formaggio?
ヴォイ・ウン・ポ・ディ・フォルマッジョ？
チーズ少しいる？

(Yuki)
### Sì, me ne metti un pochino?
スィ、メ・ネ・メッティ・ウン・ポキーノ？
うん、少しかけてくれる？

# 8.

(Mamma)
## Io aggiungo anche il peperoncino.
イオ・アッジュンゴ・アンケ・イル・ペペロンチーノ
私はトウガラシもちょっと加えよう。

※ イタリア語は動詞の変化で主語が分かるため、通常主語をつけません（p.11）が、「私はこうする」と強調するために、主語を加えることがあります。

(Mamma)
## È buono!
エ・ブオーノ！
おいしいね！

(Babbo)
## Chi vuole fare il bis?
キ・ヴオーレ・ファーレ・イル・ビス？
おかわりしたい人は誰？

(Yuki)
## Io!
イオ！
私！

### Modi di dire　慣用表現

| | | |
|---|---|---|
| un po' di 〜 | ウン・ポ・ディ | 〜を少し |
| anche 〜 | アンケ | 〜も |
| fare il bis | ファーレ・イル・ビス | おかわりする |

Slow life in italiano

# Tutti a tavola!

## La grammatica
文法

**「〜をしたい人は誰ですか？」**

chi［キ］は**誰?**という疑問詞。vuole［ヴォーレ］は volere［ヴォレーレ］**〜を（したいと）望む**という動詞の３人称単数形で、その後に動詞の原形をつけて「〜したい人は誰ですか？」となります。

*Chi vuole* mangiare il gelato?
キ・ヴォーレ・マンジャーレ・イル・ジェラート？
ジェラートを食べたい人は誰ですか？

# 8.

## I vocaboli
単語

| | | | |
|---|---|---|---|
| la tavola | ラ・ターヴォラ | 食卓 | ※ il tavolo [イル・ターヴォロ] 机 |
| la tovaglia | ラ・トヴァーリア | テーブルクロス | |
| il tovagliolino di carta | | 紙ナプキン | |
| | イル・トヴァリオリーノ・ディ・カルタ | | |
| la forchetta | ラ・フォルケッタ | フォーク | |
| il cucchiaio | イル・クッキアーイオ | スプーン | |
| | | | |
| la credenza | ラ・クレデンツァ | 食器棚 | |
| il sottopentola | イル・ソットペントラ | 鍋敷き | |
| le presine | レ・プレスィーネ | 鍋つかみ | ※複数形 |
| il tagliere | イル・タリエーレ | まな板 | |
| il coltello da cucina | | 包丁 | |
| | イル・コルテッロ・ダ・クチーナ | | |
| la carta stagnola | | アルミホイル | |
| | ラ・カルタ・スタニョーラ | | |
| la pellicola | ラ・ペッリーコラ | ラップ | |
| la carta da forno | | オーブンペーパー | |
| | ラ・カルタ・ダ・フォルノ | | |
| la teglia | ラ・テーリア | オーブン皿 | |
| il frullatore | イル・フルッラトーレ | ミキサー | |
| la piattaia | ラ・ピアッターイア | | |
| | | 皿を立てかけて乾かしたり保存したりする棚 | |
| | | | |
| il fiore | イル・フィオーレ | お花 | |
| il vaso | イル・ヴァーゾ | 花瓶 | |
| l'acqua | ラックア | お水 | |

Slow life in italiano

# Tutti a tavola!

**La rubrica**

## Il riciclaggio dei rifiuti in Italia
イタリアのゴミリサイクル事情

　イタリアで生活をしていると、日本と比べて、生活の中で出るゴミの量がとても少ないことに気づきます。スーパーで売られている野菜や果物は、量り売りで各自がビニール袋に入れ、朝市で買う野菜は、素朴な紙の袋に入れられます。家庭雑貨を買っても袋なしで渡されることが多く、袋がほしいときにはこちらからお願いします。

　それでも各家庭からは毎日ゴミが出て、それらの処理はイタリア国内でも大きな問題になっています。

　イタリアは、街によって文化や行政などがずいぶん違いますが、それはゴミの収集についても同じ。それでも年々、イタリア全体としてゴミ資源のリサイクルへの関心が高まってきました。ここ数年イタリア各地で広がっているRIFIUTI ZERO［リフィウーティ・ゼーロ］**ゴミゼロ**運動には2011年9月現在、56市が参加しています。

　RIFIUTI ZEROに参加している市は、ゴミ焼却場の廃止、良質の資源ゴミの増加を目的としたゴミ収集システムの改良、ゴミを出さない販売方法や経済システムの促進、100%リサイクル資源でできた製品や再利用可能な製品の開発・販売促進など、さまざまな項目について、一定の基準を満たしていなくてはなりません。

　イタリアのゴミ事情というと、ナポリのゴミ問題がよく報道されますが、実際にRIFIUTI ZEROに参加している市が多いのは、トスカーナ州に並んで、ナポリ周辺のカンパーニャ州です。その次にシチリア州が続きます。参加している市の半数以上は、住民の数が1万人以下の小さな市です。

# 8.

　最初にこの RIFIUTI ZERO を宣言したのは、トスカーナ州ルッカの小さな市、カパンノリでした。現在この小さな市のゴミのリサイクル率は、80%なのだそうです。こうして考えると、ゴミも有効な資源であることに気づかされます。

　でも環境にとって一番良いのは、ゴミになってしまうものや土が分解できないものを作らないこと、買わないことであることを、忘れてはいけないと思います。

## I vocaboli
単語

| | | |
|---|---|---|
| la raccolta | ラ・ラッコルタ | ゴミ収集 |
| rifiuti differenziati | リフィウーティ・ディッフェレンツィアーティ | 分別ゴミ |
| carta | カルタ | 紙ゴミ |
| organico | オルガーニコ | 生ゴミ |
| multimateriale | ムルティマテリアーレ | 各種資源ゴミ（プラスチック、缶、ガラスなど） |
| rifiuti indifferenziati | リフィウーティ・インディッフェレンツィアーティ | 雑ゴミ（分別されないゴミ） |
| raccolta ingombranti | ラッコルタ・インゴンブランティ | 粗大ゴミの収集（重さ60キロ以下、長さと幅2メートル以下） |
| porta a porta | ポルタ・ア・ポルタ | 各家庭ごとにゴミを収集するシステム（良質の資源ゴミを集めるのに有効な手段。porta はトビラ） |
| ecologico | エコロージコ | 環境に優しい |

Slow life in italiano

# Andiamo a fare una passeggiata!  散歩に出かけよう！

## Nel bosco si trovano diversi frutti.
森ではいろいろな果物が見つかります。

### Il dialogo
会話

(Babbo)

**Che frutta c'è nel bosco?**

ケ・フルッタ・チェ・ネル・ボスコ？

森には何の果物があるかな？

(Yuki)

**Ci sono le mele!**

チ・ソーノ・レ・メーレ！

リンゴがなっているよ！

(Babbo)

**Sì, ma sono ancora piccole e acerbe.**

スィ、マ・ソーノ・アンコーラ・ピッコレ・エ・アチェルベ

そうだね、でもまだ小さくて熟れていないよ。

(Yuki)

**Ci sono le susine. Queste sono già mature.**
**Ci sono anche le noci!**

チ・ソーノ・レ・ススィーネ。クエステ・ソーノ・ジャ・マトゥーレ。
チ・ソーノ・アンケ・レ・ノーチ！

プラムがあるよ。これらはもう熟れているよ。
クルミもあるよ！

(Babbo)
## Sì, queste sono mature. Vedi, ci sono le spaccature.
スィ、クエステ・ソーノ・マトゥーレ。ヴェーディ、チ・ソーノ・レ・スパッカトゥーレ

そうだね、これらは熟れているね。見てごらん、割れ目があるだろう？

## Bisogna togliere la polpa e asciugare le noci.
ビゾーニャ・トーリエレ・ラ・ポルパ・エ・アッシュガーレ・レ・ノーチ

果肉を取り除いて、干さなきゃいけないんだよ。

## Si è fatto tardi. Torniamo a casa.
スィ・エ・ファット・タルディ。トルニアーモ・ア・カーサ

遅くなったね。そろそろ家に帰ろう。

## Dammi la mano.    ※直訳：手をちょうだい。
ダンミ・ラ・マーノ

手をつなごう。

### Modi di dire　慣用表現

tornare a casa　　トルナーレ・ア・カーサ　　　家に帰る

# Andiamo a fare una passeggiata!

## I vocaboli
単語

| | | |
|---|---|---|
| la strada sterrata | ラ・ストラーダ・ステッラータ | 舗装されていない道 |
| la strada pavimentata | ラ・ストラーダ・パヴィメンタータ | 石畳の道 |
| la strada asfaltata | ラ・ストラーダ・アスファルタータ | アスファルトの道 |
| la cesta | ラ・チェスタ | カゴ |
| le forbici | レ・フォルビチ | はさみ |

※1本のはさみでも、刃が2本あることから、複数形で表します。

| | | |
|---|---|---|
| l'uccello | ルッチェッロ | 鳥 |
| l'albero | ラルベロ | 木 |
| il sasso | イル・サッソ | 石 |
| la foglia | ラ・フォーリア | 葉 |
| il ramo | イル・ラーモ | 枝 |
| il cespuglio | イル・チェスプーリオ | 茂み |
| il bosco | イル・ボスコ | 森 |
| la foresta | ラ・フォレスタ | 森林（高木に覆われた広大な森） |
| il prato | イル・プラート | 草原 |
| il campo | イル・カンポ | 畑 |
| l'uliveto | ルリヴェート | オリーブ畑 |
| il vigneto | イル・ヴィニェート | ブドウ畑 |
| la frutta | ラ・フルッタ | 果物 |
| la noce | ラ・ノーチェ | クルミ |

# 9.

| | | |
|---|---|---|
| acerbo | アチェルボ | まだ熟れていない |
| maturo | マトゥーロ | 熟れている |

**L'uva è ancora acerba.**
ルーヴァ・エ・アンコーラ・アチェルバ
ブドウはまだ熟れていません。

**L'uva è già matura.**
ルーヴァ・エ・ジャ・マトゥーラ
ブドウはもう熟れています。

| | | |
|---|---|---|
| camminare | カンミナーレ | 歩く |
| correre | コッレレ | 走る |
| saltellare | サルテッラーレ | 飛び跳ねる |
| raccogliere | ラッコーリエレ | 収穫する |

# Andiamo a fare una passeggiata!

## I vocaboli
単語

植物の単語の中には、木は男性形、その木になる果実は女性形で表すものがあります。

| | | |
|---|---|---|
| l'albicocco | ラルビコッコ | アンズの木 |
| l'albicocca | ラルビコッカ | アンズ |
| | | |
| il susino | イル・ススィーノ | プラムの木 |
| la susina | ラ・ススィーナ | プラム |
| | | |
| il pesco | イル・ペスコ | モモの木 |
| la pesca | ラ・ペスカ | モモ |
| | | |
| il melo | イル・メーロ | リンゴの木 |
| la mela | ラ・メーラ | リンゴ |
| | | |
| l'arancio | ラランチョ | オレンジの木 |
| l'arancia | ラランチャ | オレンジ |
| | | |
| il pero | イル・ペーロ | 梨の木 |
| la pera | ラ・ペーラ | 梨 |

# 9.

Slow life in italiano

## Andiamo a fare una passeggiata!

**La rubrica**

## Il bosco è una miniera d'oro
森は宝箱

　トスカーナ地方では、土地を囲ったりすることはあまりありません。オリーブ畑も森も、登記簿を見れば所有者は分かるのですが、遠くに住んでいる人も多い上に、金網で囲われていることもないので、どこからどこまでが誰の土地なのかは、一見しては分かりません。だから普段は、山や森全体が皆のものという雰囲気です。

　森の中では、春はサクランボ、夏はプラム、秋はブラックベリー、リンゴ、キノコ、クルミなどが収穫できます。毎年豊作というわけではなく、当たり年と外れ年があり、「今年はサクランボが豊作だったね」とか「去年はリンゴが1個もならなかった」など、1年のことを、果物のでき具合で覚えていたりします。

　途中で何か収穫できるかもしれないので、アントネッロはいつもカゴとナイフを持って森に出かけます。森の中では鹿やヤマネ、リスに遭遇することもあります。

　森で果物を収穫するとき、必ず心がけるのは、よくばって全部採りきってしまわないこと。森に住んでいるのは私たちだけでなく、たくさんの動物もいます。私たち家族3人に必要な分だけを少し、豊かな自然に感謝をしながら分けていただく気持ちは、森で生きていく上で大切なことです。


### Modi di dire　慣用表現

　miniera d'oro　　ミニエーラ・ドーロ　　金の採掘場
　　※宝物がたくさん見つかる場所（宝箱）という意味で、よく使われます。

Slow life in italiano

# 9.

# È l'ora della merenda.　　おやつの時間です。

## Che merenda c'è oggi?
今日のおやつは何かな？

## Il dialogo
会話

(Yuki)

### Che ora è? / Che ore sono?
ケ・オーラ・エ？／ケ・オーレ・ソーノ？
今、何時？

(Mamma)

### Sono le tre.
ソーノ・レ・トレ
3時よ。

(Yuki)

### Posso fare la merenda?
ポッソ・ファーレ・ラ・メレンダ？
おやつにしてもいい？

(Mamma)

### Sì. Prima vai a lavarti le mani con il sapone.
スィ。プリーマ・ヴァイ・ア・ラヴァールティ・レ・マーニ・コン・イル・サポーネ
ええ。まずは石けんで手を洗ってきなさい。

# 10.

**(Mamma)**

## C'è la torta fatta da babbo. Ti riscaldo il latte?

チェ・ラ・トルタ・ファッタ・ダ・バッボ。ティ・リスカルド・イル・ラッテ?

バッボが作ったケーキがあるわよ。牛乳も温めてあげようか?

**(Yuki)**

## Sì, grazie mamma.

スィ、グラーツィエ・マンマ

うん、マンマ、ありがとう。

---

### Modi di dire　慣用表現

| | | |
|---|---|---|
| fare la merenda | ファーレ・ラ・メレンダ | おやつを食べる |
| lavarsi le mani | ラヴァールスィ・レ・マーニ | 手を洗う　※再帰動詞:p.116 参照 |

Slow life in italiano

# È l'ora della merenda.

## La grammatica
文法

### 時刻の表現

時刻を表すには動詞 essere［エッセレ］を使いますが、数字が単数（1時）の場合は、3人称単数形の è となり、数字が複数の場合（2時以降）は、3人称複数形の sono となります。

  È l'una.    エ・ルーナ     1時です。

  Sono le cinque. ソーノ・レ・チンクエ  5時です。

  Sono le dodici. ソーノ・レ・ドーディチ 12時です。

15分は、un quarto［ウン・クアルト］**4分の1**を加えます。

  Sono le due e un quarto.
  ソーノ・レ・ドゥーエ・エ・ウン・クアルト  2時15分です。

30分は、mezza［メッザ］**半分**で表します。

  Sono le due e mezza.
  ソーノ・レ・ドゥーエ・エ・メッザ    2時半です。

45分は、次のように表します。

     ※3時から、un quarto［ウン・クアルト］4分の1を引く
  Sono le tre meno un quarto.
  ソーノ・レ・トレ・メーノ・ウン・クアルト  2時45分です。

中途半端な時刻を表すときには、単純にプラスしたい数字をつなげます。

  Sono le due e cinquantuno.
  ソーノ・レ・ドゥーエ・エ・チンクアントゥーノ  2時51分です。

# 10.

## I vocaboli
単語

| | | |
|---|---|---|
| l'orologio | ロロロージョ | 時計 |
| la lancetta | ラ・ランチェッタ | 時計の針 |
| le mani | レ・マーニ | 手 |

※単数形は la mano [ラ・マーノ]。o で終わるが女性名詞

| | | |
|---|---|---|
| il sapone per le mani | イル・サポーネ・ペル・レ・マーニ | 手を洗うための石けん |
| il sapone liquido | イル・サポーネ・リークイド | 液体石けん |
| la merenda | ラ・メレンダ | おやつの総称 |
| il dolce | イル・ドルチェ | お菓子 |
| la torta | ラ・トルタ | ケーキ |
| il pasticcino | イル・パスティッチーノ | カップケーキ、プチケーキ |
| la ciambella | ラ・チャンベッラ | ドーナツ |
| la schiacciata | ラ・スキアッチャータ | フォカッチャ |
| la merendina | ラ・メレンディーナ | 既製品の袋入りケーキ |
| il gelato | イル・ジェラート | ジェラート |
| il latte | イル・ラッテ | 牛乳 |
| il succo di frutta | イル・スッコ・ディ・フルッタ | フルーツジュース |
| la tazza | ラ・タッツァ | カップ |
| il bicchiere | イル・ビッキエーレ | コップ |
| la cannuccia | ラ・カンヌッチャ | ストロー |
| il piattino | イル・ピアッティーノ | 小さい皿 |
| riscaldare | リスカルダーレ | 温める |

Slow life in italiano

# È l'ora della merenda.

**La rubrica**

## La merenda a casa
おうちでおやつ

　トスカーナの伝統的なおやつは、pane e olio [パーネ・エ・オーリオ]。塩なしのトスカーナパン1切れに、おいしいオリーブオイルをたっぷりとかけ、好みで塩を振って食べます。子どもたちが大好きな、素朴なおやつです。

　ユキちゃんが通っていた保育園や幼稚園でも、パーネ・エ・オーリオが定番のおやつでした。保育園の裏の畑で採れたオリーブのオイルはとてもおいしくて、それをパンにたっぷりたらして、おいしそうに頬張る子どもたちを見て、ちょっとうらやましい気分でした。

　また戦前は、パンの上にお砂糖とワインをかけた、pane e vino [パーネ・エ・ヴィーノ]が子どもたちのおやつだったそうです。「子どもにワイン！」と驚いてしまいますね。

　ユキちゃんが毎日楽しみにしているおやつは、アントネッロの手作りケーキ。戸棚に入っているケーキを毎日ワクワクしながら取り出します。そして、おやつを食べながら学校であったことを楽しそうに話すユキちゃんのおしゃべりを聞くのが、アントネッロや私にとって大切な午後の時間です。

10.

Slow life in italiano 85

La sera, al ritorno dal lavoro, quando vedo la luce della
夜、仕事の帰り道に、真っ暗な森の中で我が家の電灯を見る

casa nel bosco buio mi si accende un lume nel cuore.
と、心にあかりが灯ります。

## Riuniamoci davanti al camino.　暖炉の前に集まりましょう。

### È il momento di stare insieme in famiglia.
家族で一緒にいる時間です。

### Il dialogo
会話

(Chiho)
### Ultimamente comincia a fare freddo, vero?
ウルティマメンテ・コミンチャ・ア・ファーレ・フレッド、ヴェーロ？
最近寒くなってきたよね、そう思わない？

(Antonello)
### Sì, ho freddo anch'io. Accendiamo la stufa.
スィ、オ・フレッド・アンキーオ。アッチェンディアーモ・ラ・ストゥーファ
そうだね、僕もちょっと寒い。ストーブに火を入れよう。

(Chiho)
### Arrostiamo i marroni sulla stufa?
アッロスティアーモ・イ・マッローニ・スッラ・ストゥーファ？
ストーブの上で栗を焼かない？

(Antonello)
### È una buona idea! Accendiamo anche il camino del salotto e mettiamoci lì davanti.
エ・ウーナ・ブオーナ・イデーア！　アッチェンディアーモ・アンケ・イル・カミーノ・デル・サロット・エ・メッティアーモチ・リ・ダヴァンティ
良いアイデアだね！　リビングの暖炉もつけて、暖炉の前に行こうよ。

## Ho trovato un album di 8 anni fa.
オ・トロヴァート・ウン・アルブム・ディ・オット・アンニ・ファ

8年前のアルバムを見つけたよ。

(Chiho)
## Questa foto è di quando siamo venuti in questa casa. Quanto era piccola Yuki!
クエスタ・フォート・エ・ディ・クアンド・スィアーモ・ヴェヌーティ・イン・クエスタ・カーサ。クアント・エーラ・ピッコラ、ユーキ！

この写真は、この家に来たときの写真ね。ユキちゃん、なんて小さかったんだろう！

## A un certo punto Yuki ha trovato un quadrifoglio, ti ricordi?
ア・ウン・チェルト・プント・ユーキ・ア・トロヴァート・ウン・クアドリフォーリオ、ティ・リコルディ？

あるときユキちゃんが四つ葉のクローバーを見つけたのを覚えている？

(Antonello)
## Sì, mi ricordo ancora.
スィ、ミ・リコルド・アンコーラ

ああ、まだ覚えているよ。

### Modi di dire　慣用表現

| | | |
|---|---|---|
| in famiglia | イン・ファミーリア | 家族で |
| mi ricordo che 〜 | ミ・リコルド・ケ | 〜を覚えている |

# Riuniamoci davanti al camino.

## La grammatica
文法

### 近過去

イタリア語の中でいくつかある過去形のうち、半過去は一定の時間続く動作や状態を、近過去（p.26）はその場で完結する動作を表します。半過去が「（映画のように）一定期間動作や状態が続く過去」を表すのに対して、近過去は「（写真のように）切り取った過去」を表すと考えると分かりやすいかもしれません。

Tre anni fa mangiavo spesso in questo ristorante.
トレ・アンニ・ファ・マンジャーヴォ・スペッソ・イン・クエスト・リストランテ
3年前、よくこのレストランで食事をしていました。（半過去）

Tre anni fa ho mangiato in questo ristorante.
トレ・アンニ・ファ・オ・マンジャート・イン・クエスト・リストランテ
3年前にこのレストランで食事をしました。（近過去）

また、半過去で一定の状態を表しながら、近過去である完結された動作を表すこともあります。

Quando ero piccolo, un giorno, ho costruito da solo una casa di legno.
クアンド・エーロ・ピッコロ、ウン・ジョルノ、オ・コストルイート・ダ・ソーロ・ウーナ・カーサ・ディ・レーニョ

僕が小さかったころ（半過去）、ある日、木の家を自分で作ったんだ。（近過去）

# 11.

Slow life in italiano

# Riuniamoci davanti al camino.

## I vocaboli
単語

| | | |
|---|---|---|
| la legna | ラ・レーニャ | 薪 |

※男性形の il legno［イル・レーニョ］は建築用の材木や、家具の素材としての木材などを指します

| | | |
|---|---|---|
| il boscaiolo | イル・ボスカイオーロ | 木こり |
| la motosega | ラ・モトセーガ | チェーンソー |
| l'ascia | ラッシャ | 斧 |
| il tronco | イル・トロンコ | 丸太 |
| l'accendino | ラッチェンディーノ | ライター |
| il riscaldamento | イル・リスカルダメント | 暖房 |
| il termosifone | イル・テルモスィフォーネ | 暖房器具 |
| il radiatore | イル・ラディアトーレ | ラジエーター |
| la stufa | ラ・ストゥーファ | 薪ストーブ |
| la cucina economica | ラ・クチーナ・エコノーミカ | 薪ストーブ兼コンロ |
| il camino | イル・カミーノ | 暖炉 |
| la canna fumaria | ラ・カンナ・フマーリア | 煙突 |
| la borsa dell'acqua calda | ラ・ボルサ・デ・ラックア・カルダ | 湯たんぽ |
| il bollitore | イル・ボッリトーレ | ヤカン |
| i marroni | イ・マッローニ | 栗 |

※複数形。野生種に近い小粒のものは le castagne［レ・カスターニェ］とも呼びます。

| | | |
|---|---|---|
| il momento | イル・モメント | 時間、瞬間 |
| il salotto | イル・サロット | リビング |
| l'album | ラルブム (m.) | アルバム |
| la foto / la fotografia | ラ・フォート／ラ・フォトグラフィーア | 写真 |
| il ricordo | イル・リコルド | 思い出 |
| riunirsi | リウニールスィ | 集まる ※再帰動詞：p.116 参照 |
| ricordarsi | リコルダールスィ | 思い出す ※同上 |
| tagliare | タリアーレ | 切る |
| spaccare | スパッカーレ | 割る |
| bruciare | ブルチャーレ | 燃やす |
| accendere | アッチェンデレ | 灯す、火を点ける |
| arrostire | アッロスティーレ | ローストする |
| riscaldarsi | リスカルダルスィ | 暖をとる、暖まる ※再帰動詞：p.116 参照 |

Slow life in italiano

# Riuniamoci davanti al camino.

**La rubrica**

## Riscaldare a legna la casa
薪で家を暖めること

　私たちが住んでいる地域では、国道や県道沿いにしか都市ガスが引かれていません。そうした地域の住民は、GPLという充填型の大きなガスタンクを所有していて、ガスがなくなるごとに、トラックでガスを運んでもらっています。ところが、このガスはとても高くて、一軒家の暖房などには使えません。そのため、暖房の燃料としては薪を使っている家庭がほとんどです。

　木こりのおじさんが、春先に山から薪を切り出し、夏の間に乾燥させています。秋口にその薪をまとめてトラックで持ってきてもらい、暖炉や薪ストーブの釜の大きさに合わせて、自分たちで切り分けて積んでおきます。

　ひと冬で消費する薪の量は、大事に使って約4トン。どんなに暖めても、室内の温度は17℃以上には上がりません。だから寒いときはセーターを2枚着たり、火の周りに集まります。冬場、家族がいつも一緒にいる気がするのは、きっと皆、暖かい場所に集まってくるからでしょう。

　薪のコンロの上で栗を焼いたり、豆料理をじっくりと煮込んだり…。冬ならではの楽しみもたくさんあります。日曜日の午後は、リビングの暖炉に火を入れて、家族団らんを楽しみます。チェスをしたり、音楽を聴いたり、昔のアルバムを開いて思い出話をしたり…。

　一緒に何かをすることもあれば、それぞれが好きなことをすることもあるのですが、暖まりながら共に過ごす、ゆっくりとした時間です。

11.

Slow life in italiano

# Ammiro il tramonto.　夕焼けを楽しみます。

## La giornata è finita.
今日の終わりです。

## Il dialogo
会話

(Chiho)
### Che bel tramonto! Anto, vieni fuori a vedere!
ケ・ベル・トラモント！　アント、ヴィエニ・フオーリ・ア・ヴェデーレ！
なんて美しい夕日！　アント、外に見に来てごらんよ！

(Antonello)
### Ora vengo. Vuoi un bicchiere di vino?
オーラ・ヴェンゴ。ヴオイ・ウン・ビッキエーレ・ディ・ヴィーノ？
今行くよ。ワインを1杯どう？

(Chiho)
### Sì, grazie. Ci sediamo un attimo qui?
スィ、グラーツィエ。チ・セディアーモ・ウン・アッティモ・クイ？
うん、ありがとう。ちょっとここに座ろうか？

## 12.

(Antonello)

### Secondo te, di che colore è il tramonto di oggi?

セコンド・テ、ディ・ケ・コローレ・エ・イル・トラモント・ディ・オッジ?

君にとって、今日の夕焼けはどんな色?

(Chiho)

### Umm... è arancione, grigio e viola.

ウムム…エ・アランチョーネ、グリージョ・エ・ヴィオーラ

そうね…濃いオレンジ色と、グレーと紫色かな。

(Antonello)

### Il sole sorge a est e tramonta a ovest. Quindi quel monte sta a ovest.

イル・ソーレ・ソルジェ・ア・エストゥ・エ・トラモンタ・ア・オーヴェストゥ。クインディ・クエル・モンテ・スタ・ア・オーヴェストゥ

太陽は東から昇り、西に暮れる。だからあの山は西側にあるんだね。

(Chiho)

### Oggi è stata una bella giornata.

オッジ・エ・スタータ・ウーナ・ベッラ・ジョルナータ

今日はとてもよい1日だったね。

Modi di dire　慣用表現

secondo te　セコンド・テ　君にとって

# Ammiro il tramonto.

## La grammatica
文法

**「なんて〜だろう！」**
感嘆詞の che［ケ］の後に形容詞を続けて、「なんて〜だろう！」という感嘆の表現になります。

Che caldo!
ケ・カルド！
なんて暑いんだろう！

Che freddo!
ケ・フレッド！
なんて寒いんだろう！

※特に気温の表現としてよく使われます。

「形容詞＋名詞」が続く場合、名詞に冠詞はつきません。

Che brutto tempo!
ケ・ブルット・テンポ！
なんて悪い天気なのだろう！

Che bella bambina!
ケ・ベッラ・バンビーナ！
なんてかわいい赤ちゃん！

## 12.

**「〜は何色?」**
Di che colore è 〜? [ディ・ケ・コローレ・エ・〜?] で「〜は何色?」という意味です。〜には名詞が入ります。

**Di che colore sono le foglie?**
ディ・ケ・コローレ・ソーノ・レ・フォーりエ?
葉っぱは何色?

**Di che colore è l'uccello?**
ディ・ケ・コローレ・エ・ルッチェッロ?
鳥は何色?

# Ammiro il tramonto.

## I vocaboli
単語

| | | |
|---|---|---|
| il cielo | イル・チェーロ | 空 |
| il tramonto | イル・トラモント | 夕日 |
| il sole | イル・ソーレ | 太陽 |
| il monte | イル・モンテ | 山 |
| il crinale | イル・クリナーレ | 山の背、尾根 |
| la cima | ラ・チーマ | 頂上 |
| l'aria | ラーリア | 空気 |
| il buio | イル・ブイオ | 闇 |
| la sera | ラ・セーラ | 夕方 |
| il crepuscolo | イル・クレプスコロ | 夕暮れ時 |
| la giornata | ラ・ジョルナータ | 1日 |
| il bicchiere | イル・ビッキエーレ | グラス |
| il vino | イル・ヴィーノ | ワイン |
| la bottiglia | ラ・ボッティーリア | ボトル |
| la sedia | ラ・セーディア | イス |
| il giardino | イル・ジャルディーノ | 庭 |
| l'est | レストゥ (m.) | 東 |
| l'ovest | ローヴェストゥ (m.) | 西 |
| il nord | イル・ノルドゥ | 北 |
| il sud | イル・スッドゥ | 南 |

# 12.

| | | |
|---|---|---|
| il colore | イル・コローレ | 色 |
| azzurro | アッズッロ | 青 |
| blu | ブル | 紺 |
| grigio | グリージョ | グレー |
| arancione | アランチョーネ | オレンジ色 |
| viola | ヴィオーラ | 紫 |
| rosso | ロッソ | 赤 |
| nero | ネーロ | 黒 |
| bianco | ビアンコ | 白 |
| | | |
| venire | ヴェニーレ | 来る |
| vedere | ヴェデーレ | 見る |
| sedersi | セデールスィ | 座る |
| | | ※再帰動詞：p.116 参照 |
| tramontare | トラモンターレ | （日が）暮れる |
| sorgere | ソールジェレ | （日が）昇る |
| guardare | グアルダーレ | 眺める |
| bere | ベーレ | 飲む |
| raccontare | ラッコンターレ | 語る |

Slow life in italiano

# Ammiro il tramonto.

**La rubrica**

## Alla fine della giornata
１日の終わりに

　山暮らしを始めて、うれしいことも、大変なこともそれぞれたくさんあるけれど、ゆっくりと流れる時間を感じられることをとても幸せに思います。

　昔、都会に住んでいたころは、１日があっという間で、空を見上げることも夕日も見ることもなく、気がつくと夜になっているという生活を送っていました。あっという間に１か月、半年、１年という時間が過ぎて行き、振り返る時間さえなかったことを思い出します。イタリアだからとか、日本だからというのではなく、きっとそれは、田舎時間と都会時間の違いなのでしょう。

　今の田舎時間では、１日に何度も空を見上げます。空の色の変化、森の木々の色の変化、流れる雲の影が作り出す模様。季節ごとに変化する自然を眺めることで、ゆっくりとした時間の移り変わりを体で感じることができます。

　ユキちゃんは、幼いころからよく空を見上げます。本当に小さかったころには、ペチャッと地面に仰向けになり、流れる雲をいつまでもじっと見つめていたものでした。

　１日をゆっくりと振り返り、これからやりたいこと、進みたい方向の軌道修正をしたりするのが夕方のひと時。アントネッロと２人でワインを片手に、その日にあったこと、これからしたいこと、子どものこと、友人のことなどを話す、大事な時間です。

# 12.

# Ceniamo in famiglia. 家族で晩御飯を食べましょう。

## Che cosa mangiamo stasera?
今晩は何を食べるのかな?

## Il dialogo
会話

(Babbo)

### Il frigo è vuoto! Che cosa cuciniamo?
イル・フリーゴ・エ・ヴオート!ケ・コーサ・クチニアーモ?
冷蔵庫は空っぽだよ! 今晩、何を料理しようか?

(Mamma)

### Non ti preoccupare! Ci sono le zucchine che ho preso dall'orto.
ノン・ティ・プレオックパーレ! チ・ソーノ・レ・ズッキーネ・ケ・オ・プレーゾ・ダッロルト
心配しないで! 私が畑から採ってきたズッキーニがあるわよ。

### Abbiamo le mozzarelle nel frigo.
アッビアーモ・レ・モッツァレッレ・ネル・フリーゴ
冷蔵庫にはモッツァレラチーズもあるし。

(Babbo)

### Allora faccio la parmigiana di zucchine.
アッローラ・ファッチョ・ラ・パルミジャーナ・ディ・ズッキーネ
それじゃあズッキーニのパルミジャーナ(チーズとの重ね焼き)を作るよ。

# 13.

(Yuki)
## Ti posso aiutare?
ティ・ポッソ・アイウターレ？
お手伝いしてもいい？

(Babbo)
## Certo!
チェールト！
もちろん！

### Modi di dire　慣用表現

allora　アッローラ　それじゃあ

# Ceniamo in famiglia.

## La ricetta
レシピ

**Parmigiana di zucchine**

*Difficoltà : bassa*

*Tempo di preparazione: 1 ora e 30 minuti*

*Ingredienti per 4 porzioni*
  *1.5 kg di zucchine*
  *2 mozzarelle*
  *100g di parmigiano grattugiato*
  *250ml di olio d'oliva*
  *10 foglie di basilico*

*1. Pulite le zucchine ed eliminate le estremità.*

*2. Tagliatele per lungo in fette di circa 1cm di spessore e spennellatele di olio.*
※ tagliatele=tagliate+le
spennellatele = spennellate+ le
le は、「それら（ズッキーニ）を」という女性形複数の人称代名詞

*3. Grigliate le zucchine da entrambi lati.*

*4. Preparate una pirofila da forno di circa 15 × 20 cm. Cospargetela di olio e di pane grattugiato e rivestitene il fondo di uno strato di zucchine.*
※ rivestitene=rivestite + ne
ne は、「耐熱皿の」という意味の代名小詞

*5. Spargete un pizzico di sale.*

## 13.

ズッキーニのパルミジャーナ

難易度：低　　　　　※ media：中、alta：高

調理時間：1 時間半

4 人分の材料
　ズッキーニ 1.5kg
　モッツアレラチーズ 2 個
　パルメザンチーズのすりおろし 100g
　オリーブオイル 250ml
　バジルの葉 10 枚

1. ズッキーニを洗い、端を取り除く。

2. それらを縦に 1 ㎝の厚みに切り、刷毛でオリーブオイルを塗る。

3. ズッキーニを両面グリルする。

4. 約 15×20 ㎝の耐熱皿を用意する。オリーブオイルを塗って、パン粉を振りかけ、底をズッキーニで覆う。

5. 塩ひとつまみを振りかける。

# Ceniamo in famiglia.

## La ricetta
レシピ

*6. Distribuite 1/3 del formaggio e 1/3 del pane rimasto, 1/2 di mozzarella affettata e qualche foglia di basilico.*

*7. Ripetete l'operazione formando un altro strato con gli stessi ingredienti.*

*8. All'ultimo strato cospargete solo il formaggio e il pane gratuggiato.*

*9. Cuocete nel forno caldo a 180 °C per 40 minuti.*

### Modi di dire　慣用表現

| | | | | | |
|---|---|---|---|---|---|
| circa | チルカ | 約、およそ | stessi | ステッスィ | 同じ |
| un pizzico di sale | ウン・ピッツィコ・ティ・サーレ | 塩をひとつまみ | | | |
| qualche | クアルケ | いくつかの | solo | ソーロ | 〜のみ、〜だけ |

## I vocaboli
単語

| | | | |
|---|---|---|---|
| gli ingredienti | リ・イングレディエンティ | 材料 | ※複数形 |
| la ricetta | ラ・リチェッタ | レシピ | |
| la porzione | ラ・ポルツィオーネ | 人数分 | |
| la pirofila | ラ・ピローフィラ | 耐熱皿 | |
| il frigo / il frigorifero | イル・フリーゴ／イル・フリゴリーフェロ | 冷蔵庫 | |
| la zucchina | ラ・ズッキーナ | ズッキーニ | |
| la mozzarella | ラ・モッツァレッラ | モッツアレラチーズ | |

# 13.

6. チーズの 1/3、残りのパン粉の 1/3、切り分けたモッツァレラチーズの 1/2、数枚のバジルを並べる。

7. 同じ材料でもう一層作りながら作業を繰り返す。

8. 最後の層は、(パルメザン) チーズとパン粉のみを振りかける。

9. 180℃のオーブンで 40 分間焼く。

il pane grattugiato　　　　　　　　　　パン粉
　　　　　　イル・パーネ・グラットゥジャート

cospargere　コスパルジェレ　　　振りかける
rivestire　　リヴェスティーレ　　覆う
distribuire　ディストリブイーレ　並べる、置く

Slow life in italiano

# Ceniamo in famiglia.

## La grammatica
文法

**レシピのイタリア語**
レシピでは、動詞が原形のままのこともありますが、多くの場合は、2人称複数の voi［ヴォイ］に対する命令形で書かれています。2人称複数の命令形では、動詞の末尾が -ate, -ete, -ite となるので、これらの動詞の原形を辞書で引くと、レシピを解読することができます。

また、同じ文章の中で同じ名詞を何度も繰り返さないために、名詞の性数に合わせて lo［ロ］、la［ラ］、li［リ］、le［レ］などの人称代名詞、ne［ネ］、ci［チ］などの代名小詞が使われます。

☀ 人称代名詞の例：

男性形単数：**lo**［ロ］それを
Bagnate il pane e strizzate**lo**.
パンを水に濡らして、それをしぼる。

女性形単数：**la**［ラ］それを
Tagliate la carne e servite**la** subito.
肉を切り分けて、すぐにそれをサーブする。

男性形複数：**li**［リ］それらを
Sgocciolate i pomodori e tritate**li**.
トマトの水気を切り、それらをみじん切りにする。

女性形複数：**le**［レ］それらを
Lavate le melanzane e tagliate**le** in tocchetti.
ナスを洗って、それらを角切りにする。

## 13.

❊ レシピでよく使われる２人称複数の命令形の例：

lavate　　　　　　　　　　　　　　※原形 lavare ［ラヴァーレ］
洗う

asciugate　　　　　　　　　　　　※原形 asciugare ［アッシュガーレ］
乾かす

eliminate　　　　　　　　　　　　※原形 eliminare ［エリミナーレ］
取り除く

mettete　　　　　　　　　　　　　※原形 mettere ［メッテレ］
入れる、置く

tagliate　　　　　　　　　　　　　※原形 tagliare ［タリアーレ］
切る

stendete　　　　　　　　　　　　　※原形 stendere ［ステンデレ］
伸ばす

aggiungete　　　　　　　　　　　　※原形 aggiungere ［アッジュンジェレ］
加える

dividete　　　　　　　　　　　　　※原形 dividere ［ディヴィーデレ］
切り分ける

Slow life in italiano

# Ceniamo in famiglia.

## La rubrica

## La cucina regionale e gli italiani
郷土料理とイタリア人

　この国ほど伝統料理にバリエーションある国は他にないのでは？と思うほど、イタリアには地方や町ごとに、おいしい料理がたくさんあります。
　「イタリアの本屋には、各地方料理の本がズラリと並んでいることだろう」と思われるかもしれませんが、実際には、その街の伝統料理のレシピ本は揃っていても、それ以外の街の料理を紹介した本はあまり見当たりません。
　マンマが自慢の腕を振るう週末の昼食でも、その街の伝統料理、もしくはそのマンマのふるさとの料理が並びます。「毎回同じだし、変えてみよう」とはあまり思わないようで、食べる側も、「マンマの料理が最高！」とずっと食べ続けます。中には、テレビやラジオ、雑誌で仕入れた新しいレシピを試す研究熱心な人もいますが、大多数のマンマは、いつもの郷土料理を作るようです。
　アントネッロのお母さんも同じ。夏休みに実家に帰ると、お母さんが心を込めて作る、いつもの季節料理が並びます。不思議と飽きないのは、きっとマンマの魔法なのでしょう。イタリアで郷土料理がおいしいのは、人々の郷土料理に対する愛着が根付いているからなのです。
　イタリアにいらしたら、ぜひそれぞれの町の本屋さんで、郷土料理のレシピ本を手にとってみて下さい。その土地の人々の郷土料理へのこだわりが感じられると思いますよ。

# 13.

# Sogni d'oro.　良い夢を。

## Vado a letto.
ベッドに入ります。

## Il dialogo
会話

(Mamma)
### Hai lavato bene i denti?
アイ・ラヴァート・ベーネ・イ・デンティ？
歯はよく磨いた？

(Yuki)
### Certo! Guarda, sono tutti puliti.
チェールト！　グアルダ、ソーノ・トゥッティ・プリーティ
もちろんよ！　見て、全部ピカピカよ。

### Mi metto il pigiama da sola.
ミ・メット・イル・ピジャーマ・ダ・ソーラ
自分でパジャマを着るわ。

(Mamma)
### Copriti bene.
コープリティ・ベーネ
（お布団を）しっかりとかぶるのよ。

(Yuki)
### Mamma, posso leggere il libro un pochino?
マンマ、ポッソ・レッジェレ・イル・リーブロ・ウン・ポキーノ？
マンマ、ちょっとだけ本を読んでもいい？

## 14.

(Mamma)

### Sì, ma dopo spegni la luce.
スィ、マ・ドーポ・スペンニ・ラ・ルーチェ
いいわよ、でも後であかりを消しなさい。

### Buona notte. Sogni d'oro!
ブオナ・ノッテ。ソーニ・ドーロ！
おやすみなさい。良い夢をね！

Modi di dire 慣用表現

| | | |
|---|---|---|
| da sola | ダ・ソーラ | ひとりで（自分で） |
| sogni d'oro | ソーニ・ドーロ | 良い夢を |

※ sogni［ソーニ］夢＋d'oro［ドーロ］金の

# Sogni d'oro.

## La grammatica
文法

**再帰動詞**
再帰動詞とは、相互的な動作（愛し合う、出会う、あいさつをし合う、見つめ合う）と、自分自身に対して何かする動作（顔を洗う、起き上がる、着替える）を表す動詞のことです。原形は語末が -si です。活用するときには、この si が再帰代名詞として動詞の前について活用します。動詞は主語に合わせて活用します。

☀ mettersi il pigiama　メッテルスィ・イル・ピジャーマ　パジャマを着る

mi metto il pigiama　　　私がパジャマを着る
ミ・メット・イル・ピジャーマ

ti metti il pigiama　　　君がパジャマを着る
ティ・メッティ・イル・ピジャーマ

si mette il pigiama　　　彼が／彼女が／あなたがパジャマを着る
スィ・メッテ・イル・ピジャーマ

ci mettiamo il pigiama　私たちがパジャマを着る
チ・メッティアーモ・イル・ピジャーマ

vi mettete il pigiama　　君たちが／あなたたちがパジャマを着る
ヴィ・メッテーテ・イル・ピジャーマ

si mettono il pigiama　　彼らがパジャマを着る
スィ・メットノ・イル・ピジャーマ


同じタイプの再帰動詞：
lavarsi　　　　ラヴァールスィ　　（顔や体を）洗う
cambiarsi　　カンビアールスィ　着替える

## 14.

☀ salutarsi　サルタルスィ　あいさつをし合う

ci salutiamo　私たちがあいさつをし合う
チ・サルティアーモ

vi salutate　君たち／あなたたちがあいさつをし合う
ヴィ・サルターテ

si salutano　彼らがあいさつをし合う
スィ・サルータノ


同じタイプの再帰動詞：
amarsi　　　　アマールスィ　　　　愛し合う
guardarsi　　　グアルダールスィ　　見つめ合う
incontrarsi　　インコントラールスィ　出会う

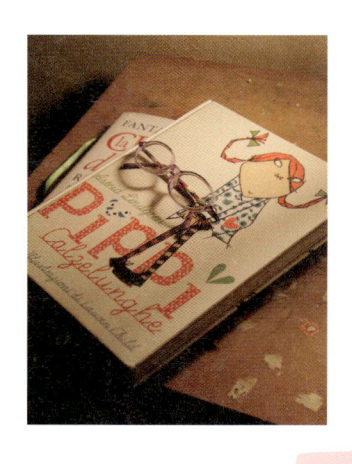

# Sogni d'oro.

## I vocaboli
単語

| | | |
|---|---|---|
| lo spazzolino da denti | ロ・スパッツォリーノ・ダ・デンティ | 歯ブラシ |
| il dentifricio | イル・デンティフリーチョ | 歯磨き粉 |
| il bicchiere | イル・ビッキエーレ | コップ |
| il lavandino | イル・ラヴァンディーノ | 洗面台 |
| il pigiama | イル・ピジャーマ | パジャマ ※aで終わる男性名詞 |
| il sogno | イル・ソーニョ | 夢 |
| il letto | イル・レット | ベッド |
| la coperta | ラ・コペルタ | 毛布 |
| il cuscino | イル・クッシーノ | まくら |
| le stelle | レ・ステッレ | 星 ※複数形 |
| la luna | ラ・ルーナ | 月 |
| mettersi | メッテルスィ | 着る ※再帰動詞：p116参照 |
| coprirsi | コプリールスィ | 体を包む（かぶる） ※同上 |

# 14.

Slow life in italiano

# イタリア語をこれから学ぼうと思う方、 また学び続けようと思う方へ

イタリア語をこれから学んでみようと思ったら、まず、自分の好きな分野から始めてみましょう。旅行、料理、ワイン、スポーツ、美術、映画など、好きな分野のボキャブラリーを増やしていくのは、1つの学習方法として効果的だと思います。

そして、避けて通れないのが文法学習。これはもう、ひたすらコツコツやるしかありません。一通りやってしまえば、後は応用するのみ。会話のフレーズと一緒に学習すると、「そうか、だからこうなのだ！」と理解できるでしょう。イタリア語の本を読むのも、ボキャブラリーを増やすのに役立ちます。

日本で学習したイタリア語を、実際に留学したり、旅行滞在をしたりしてさらに磨いてみよう！という方も多いでしょう。イタリア人はとても勘が良いので、片言のイタリア語でも理解してくれます。イタリアに行ったなら、学んだフレーズをどんどん口に出して使ってみましょう。

私は留学時代、常にメモ帳を持ち歩いていました。街中で耳にした単語をメモし、家に帰って辞書を引き、ノートに書き写す。そしてその後、そのフレーズや単語を実際に自分で使ってみるということを繰り返し行っていました。こうすることで、ボキャブラリーがずいぶんと増えたものです。

現地で語学学校に通うと、たとえ外国人向けとはいえ、授業はすべてイタリア語です。文法の説明もイタリア語で行われるため、イタリア語で文法用語を覚えておくのも、役に立つでしょう。大事なフレーズは、Non ho capito. [ノノ・カピート]「**分かりません**」、

Può ripetere, per favore? [プオ・リペーテレ、ペル・ファヴォーレ？]「**もう一度繰り返してもらえますか？**」。分からないことははっきりと伝え、説明してもらうことが大事です。

お店やレストランでイタリア語を話したり、テレビや映画館でイタリア語の番組や映画を見たりするのも、イタリアでしかできないこと。ストーリーが分かりやすいアメリカ映画の、イタリア語吹き替えを選ぶと良いでしょう。吹き替えの方が聞き取りやすいです。

日本に帰国後、現地で学んだイタリア語を忘れないようにするには、イタリア語の本を読み続けることが、とても効果的です。昔、私が留学を終えて一旦日本に帰国するとき、別れ際にイタリア語の先生がこう言ってくれました。

「チホ、言語は自転車のようなものよ。しばらく自転車に乗っていなかったら、乗り方を忘れてしまったのでは？と不安になるけれど、ゆっくりペダルを漕ぎ出したら、またすぐにスイスイ乗れるようになるじゃない。大切なのは、日本に帰ってもイタリア語の本を読み続けること。できれば音読がいいわね。そうすればイタリアに戻ってきたとき、すぐにまたしゃべれるようになるわよ」

イタリア語をこれから学んでみようと思う方、今、一生懸命勉強中の方、留学を考えている方、それぞれが楽しみながらイタリア語を学ぶことができますように…。そして、そのためにこの本が少しでも役に立てば良いと思います。

奥村千穂

# La pronuncia

発音

イタリア語の発音は、ほとんどがローマ字読みですが、意識して発音する必要がある綴りがいくつかあります。

まず、**v** と **b** は区別する必要があります。**v** は口をほとんど閉じたまま、前歯と唇の間から空気を出すようにして［ヴ］と発音します。一方、**b** は日本語の［ビ］に近く、口を横に開いて発音します。

　　il vino　　　イル・ヴィーノ　　　ワイン
　　il bicchiere　イル・ビッキエーレ　コップ

もう1つのポイントは、**r** と **l** の区別。たとえば、同じ［ラ］という音でも、**ra** は巻き舌で、**la** は上の前歯の裏に舌先をつけるようにして発音します。

　　la radio　ラ・ラーディオ　　ラジオ
　　il latte　イル・ラッテ　　　牛乳

日本人の私は、**r** と **l** の音の違いが耳で区別できずに苦労しました。音の違いを常に意識するといいでしょう。巻き舌が苦手でも、音に違いをつけるように発音すると上達します。

また、日本語にはない音もあります。**gli** という綴りの発音は、［ギ］と［リ］の間のような音。舌の先を前歯の裏につけて、舌の両サイドから空気を出すようにしながら［ギ］と発音すると、それらしい音が出ます。本書ではこれらの音は、ひらがなで「り」と表記しています。

　　la maglia　　ラ・マーりア　　　セーター
　　il tagliere　イル・タりエーレ　まな板

# L'accento

アクセント

アクセントをつけて発音すると、ぐっとイタリア語らしくなります。

アクセントは通常、それぞれの単語の後ろから2番目の音節の母音につきます。
たとえば、la finestra [ラ・フィネストラ] 窓は、**fi/ne/stra** と分けて、後ろから2番目 ne の母音 e にアクセントがつくため、[フィネーストラ] と読みます

太字の部分にアクセントを付けて発音してみましょう。

| | | |
|---|---|---|
| il cielo | イル・**チェ**ーロ | 空 |
| il giornale | イル・ジョル**ナ**ーレ | 新聞 |
| la bicicletta | ラ・ビチク**レ**ッタ | 自転車 |

また、以下のように最後の音節の母音にアクセントがつく場合もあります。その場合、アクセント記号がつきます。

| | | |
|---|---|---|
| il caff**è** | イル・カッ**フェ** | コーヒー |
| perch**é** | ペル**ケッ** | なぜなら |
| andr**ò** | アンド**ロッ** | 行くでしょう ※「行く」の未来形 |

イタリア語は発音しながら覚えるのが一番。本書の中の文章や単語も、ぜひ実際に発音しながら覚えてください。

## La grammatica
文法

### 男性名詞と女性名詞

イタリア語の名詞には男性名詞、女性名詞の区別があり、前につく冠詞も、それによって変わります。冠詞は単数形、複数形によっても変化します。

|  | 定冠詞 | | 不定冠詞 | |
|---|---|---|---|---|
|  | 単数形 | 複数形 | 単数 | 冠詞の後に続く名詞の最初の音 |
| 男性名詞 | il | i | un | 名詞が子音で始まる場合 |
|  | lo | gli | uno | 名詞が s + 子音、ps, z, h, x などで始まる場合 |
|  | l' | gli | un | 名詞が母音で始まる場合 |
| 女性名詞 | la | le | una | 名詞が子音で始まる場合 |
|  | l' | le | un' | 名詞が母音で始まる場合 |

それぞれの単語が男性名詞か女性形名詞を覚えるのは大変ですが、1つの基準は、単語の末尾が **o** の場合は男性名詞で、**a** の場合は女性名詞です。

単数形でも **e** で終わる名詞の場合は、そのような目安がありません。たとえば、chiave [キアーヴェ] **鍵**は女性形名詞、bicchiere [ビッキエーレ] **グラス**は男性名詞です。こうした単語は、個別に性を覚える必要があります。

私もイタリア語を勉強し始めたころ、男性名詞と女性名詞の区別がつけられず、つまずいたことがありました。冠詞と単語をセットにすると覚えやすいので、本書では、単語を表記する場合は冠詞を付記しました。

冠詞をつけても、一見して男性名詞か女性名詞か分からない単語もあります。そのような単語には、男性名詞には (m.) (maschile [マスキーレ] の略)、女性名詞には (f.) (femminile [フェッミニーレ] の略) の記号を付記しています。

l'album　　　　　ラルブム (m.)　　　　　　アルバム
l'asse da stiro　ラッセ・ダ・スティーロ (f.)　アイロン台

また、生活の場面で複数形で用いられることが多い単語については、複数形で紹介しています。

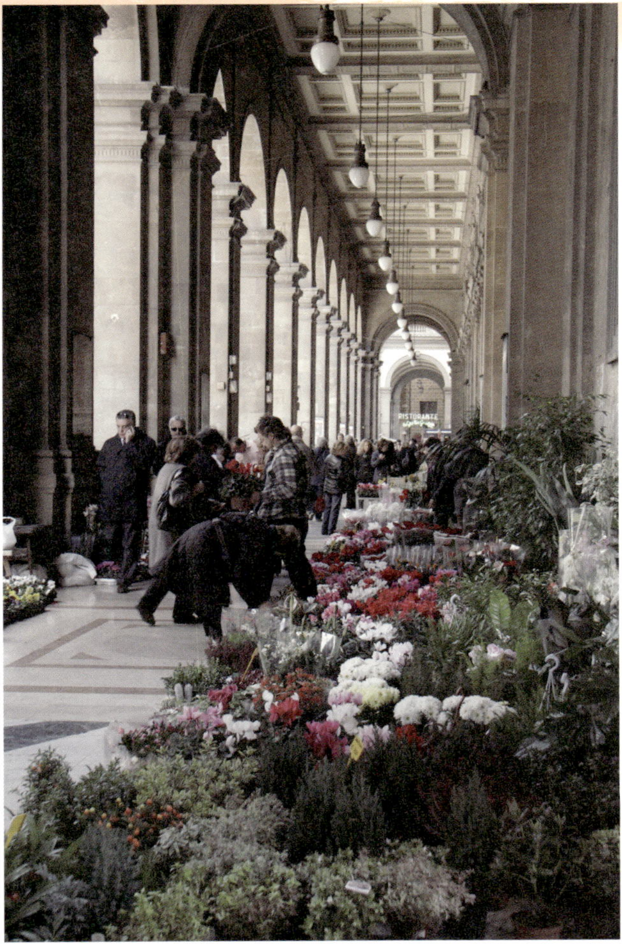
RISTORANTE

## La grammatica

文法

**主語人称代名詞と動詞の活用形**

イタリア語には、以下の主語人称代名詞があります。

|  | 単数 | 複数 |
|---|---|---|
| 1人称 | **io** [イオ] 私は | **noi** [ノイ] 私たちは |
| 2人称 | **tu** [トゥ] 君は | **voi** [ヴォイ] 君たち／あなたたちは |
| 3人称 | **lui** [ルイ]／**lei** [レイ] 彼／彼女は | **loro** [ローロ] 彼らは |
| 敬称 | **Lei** [レイ] あなたは | ― |

動詞には原形と活用形があり、その動作を行う主語によって動詞を活用する必要があります。動詞は原形の末尾によって **are** 動詞、**ere** 動詞、**ire** 動詞に分けられ、その末尾が主語によって活用します。不規則な活用をする不規則動詞もあります。

まず、比較的簡単な **are** 動詞を活用させてみましょう。

☀ respirare [レスピラーレ] 息を吸う

|  |  |  |
|---|---|---|
| (io) respiro | レスピーロ | 私が息を吸う |
| (tu) respiri | レスピーリ | 君が息を吸う |
| (lui / lei / Lei) respira | レスピーラ | 彼が／彼女が／あなたが息を吸う |
| (noi) respiriamo | レスピリアーモ | 私たちが息を吸う |
| (voi) respirate | レスピラーテ | 君たちが／あなたたちが息を吸う |
| (loro) respirano | レスピーラノ | 彼らが息を吸う |

※主語が敬称の Lei の場合、動詞は3人称として活用します。

Slow life in italiano

are 動詞の他に、ere 動詞、ire 動詞の活用も合わせてまとめると、こうなります。

| 主語 | are 動詞 | ere 動詞 | ire 動詞（標準） | ire 動詞（isc） |
|---|---|---|---|---|
| io | - o | - o | - o | - isco |
| tu | - i | - i | - i | - isci |
| lui / lei / Lei | - a | - e | - e | - isce |
| noi | - iamo | - iamo | - iamo | - iamo |
| voi | - ate | - ete | - ite | - ite |
| loro | - ano | - ono | - ono | - iscono |

ire 動詞の活用の仕方は２通りありますが、-ire の直前の子音の数が２つ以上の場合は標準型の活用、１つ以下ならば isc 型の活用になります。辞書を引けば確認できます。

不規則に活用する動詞については、その都度覚えるしかありません（例：pp.10-11）。

奥村 千穂
Chiho OKumura

女子美術大学美学美術史科卒業後、フィレンツェに留学。語学、文化、美術史、音楽史などを学ぶ。帰国後、外資系アパレル企業でイタリア語通訳として勤務。1996年にイタリアに渡り、以来フィレンツェ在住。2004年にフィレンツェでの滞在型の旅を提案するサイト「ラ・カーサ・ミーア」http://www.lacasamia.jp/ を立ち上げる。ブログ「フィレンツェ田舎生活便り2」http://lacasamia2.exblog.jp では自身の田舎生活の他、子育ての様子、フィレンツェ情報を豊富な写真と共に綴っている。
日々の暮らしの様子が、「猫のしっぽ カエルの手 イタリア トスカーナの山暮らし」として NHK BS プレミアムで紹介された。

著作:
『パールのイタリア語』(三修社)
『フィレンツェ田舎生活便り 小さな村の春・夏・秋・冬』(主婦の友社)
『南イタリア記憶の食卓 パッポの手作りプーリア料理』(主婦の友社)

## スローライフのイタリア語

2012年 3月20日 第1刷発行

著 者 奥村 千穂
発行者 前田 俊秀
発行所 株式会社 三修社
〒150-0001 東京都渋谷区神宮前 2-2-22
TEL 03-3405-4511 FAX 03-3405-4522
振替 00190-9-72758
http://www.sanshusha.co.jp

編集担当 松居 奈都

印刷・製本 凸版印刷株式会社

編集 尾原 美保 http://www.visualbook.jp/
アート・ディレクション&デザイン 木ノ下 努 (Caos to Cosmos ltd.)
デザイン 玉井 里奈 (Caos to Cosmos ltd.)
阿部 麻美 (Caos to Cosmos ltd.)

© Chiho OKumura 2012　　Printed in Japan
ISBN978-4-384-05692-1 C0087

〈日本複写権センター委託出版物〉
本書を無断で複写複製(コピー)することは、著作権法上の例外を除き、禁じられています。本書をコピーされる場合は、事前に日本複写権センター(JRRC)の許諾を受けてください。
JRRC〈http://www.jrrc.or.jp〉 e メール: info@jrrc.or.jp 電話: 03-3401-2382〉